Problemas en torno a la sinonimia y el significado

Martín Gonzalo Zapico

MGZ EDICIONES

Zapico, Martín Gonzalo

Problemas en torno a la sinonimia y el significado / MGZ. - 1a ed .
- Mar del Plata : Martín Gonzalo Zapico, 2016.

173 p. ; 14x20 cm.

ISBN 978-987-33-9948-0

1. Análisis Lingüístico. 2. Filosofía del Lenguaje. 3. Reflexiones. I.
Título.
   CDD 410

A Malú , por que a mi pesar,
se lo prometí hace 9 años

A mi hermano, Marcos,
que siempre está ahí para hablar de todo

A mis maestros, Jorge Y José,
que me iniciaron en lo académico

A mamá y papá, que me hicieron quien soy
y por ello les estoy eternamente agradecido

A Lau y Dani,
ciertamente merecen ser felices

INDICE

Prólogo de un amigo

La conocida frase "lo bueno, si breve, dos veces bueno" es (que ironía por la palabra que viene) sinónimo de lo que sucede en este libro. Esta obra es como su autor: sencillo, de pocas palabras, directo y conciso. Al leerla sentí que estaba en una de esas charlas tan raras que Gonzalo suele tener con la gente en las cuales, estando en cualquier lugar, en cualquier momento, sin respeto por ningún tipo de protocolo, pregunta a quien sea que esté ahí (como si en realidad se lo preguntáse a si mismo) cosas como ¿Qué opinas del hecho de que en los últimos veinte años la privacidad se haya visto disminuida en detrimento de lo íntimo a raíz de las redes sociales que blablabla? Y a partir de eso hace pensar a las personas sobre temas que están ahí a simple vista, solo que como le gusta emplear un lengüaje muy elaborado (perdón pero tengo que decirlo, para mi lo usa para alardear) a veces confunde. Quien haya tenido la oportunidad de hablar con él o lo haya sufrido en su rol docente, me entenderá.

Pero en fin, su propio defecto se torna virtud y logra en estas páginas retomar muchos años de reflexión sobre temas muy controversiales y difíciles como es el significado mismo. Con el correr de las páginas uno nota que parece haber un apuro en la escritura, un deseo de que el tiempo pase y poder decir algo finalmente. Si, es así, por que más que un crítico o escritor, Gonzalo es un pensador.

L.V

0. Introducción

El tema de la sinonimia pudiere lucir sencillo y así se lo suele enseñar en los niveles de enseñanza primario y secundario. Si se toma como referencia los Nucleos de Aprendizaje Prioritarios en el área de Prácticas del Lenguaje (2015) se observa que el tema es tratado desde una perspectiva acabada y no problemática. Es imposible no coincidir con esta perspectiva puesto que el propósito es mostrar una de las muchas relaciones que dos palabras pueden establecer entre sí y enseñar a los estudiantes nociones de semántica útiles en el marco de un criterio amplio de lógica de adecuación al contexto. En otras palabras, se busca promover la noción de que hablar bien es tener recursos suficientes para comunicarse de acuerdo con las necesidades del contexto social-cultural en el cual un sujeto se desenvuelve, tanto a nivel general como particular.

Otro motivo aparente para el planteo de que estamos ante un tema no muy complejo es la definición que nos ofrece la Real Academia Española (2016). Para dicha institución dos palabras son sinónimas si "una respecto de otra, tienen el mismo significado o muy parecido". Opinión no muy diferente tiene el público general sobre el término y, dentro de su gran amplitud, la definición no deja de ser al menos verdadera.

Si uno buscáse la sencillez no habría necesidad alguna de matizar o complejizar lo planteado anteriormente. No obstante resulta que la definición arriba sugerida peca por que en el fondo no está diciendo nada respecto al funcionamiento de la sinonimia como proceso de identidad entre palabras o significados. Nadie negaría que la sinonimia es efectivamente eso pero con solo afirmarlo no decimos nada respecto a como se conforman las palabras sinónimas, por qué son sinónimas, que matizes adquiere la expresión "mismo significado o muy parecido", el papel del conocimiento léxico en la sinonimia, las relaciones de esta con otras relaciones de significado como la polisemia, la homonimia, la antonimia, entre otros.

Si el tema sinonimia y su complejidad es importante más allá del porte que merece como objeto de investigación netamente teórica es por su relación con los procesos de comunicación. Este término, comunicación, de por si es un territorio altamente polémico donde se cruzan discursos de disciplinas tan diversas como la matemática, la antropología, la sociología, la teoría de la comunicación, la lingüistica, la psicolinguistica, el marketing y podría seguir enumerando. El tema de la comunicación es un nexo común a todas las disciplinas sociales en tanto el hombre es un ser que es en tanto utilizador de un sistema simbólico para establecer relaciones con otros hombres. A este respecto ya Dance (1967) decía con gran claridad que "La necesidad de comunicación nace con la primera criatura humana y su manifestación ofrece infinitos matices" dejando en claro que nada puede haber practicamente que no este al menos tocado transversalmente por la comunicación.

Dicho esto hay que hacer la misma aclaración que antes. No sirve de nada decir que todo es comunicación por que la definición misma le quita cualquier tipo de función operativa, descripctiva, explicativa o predictiva al término. Tampoco es útil caer en el rincón opuesto y afirmar que no es posible realizar una definición de comunicación por que el término es tan complejo que acotarlo llevaría una parcialización del mismo.

A este respecto creo que si es necesario acotar, parcializar, y dejar en claro la postura que tengo respecto a la comunicación puesto que la sinonimia funciona como problema productivo en el marco de procesos comunicativos determinados. Salvando la gran discusión teórica (que Dance reúne de manera muy notable en su recopilación de ensayos y discusión que se da día a día en gran cantidad de disciplinas, a las que el lector ansioso o curioso puede concurrir para ampliar su conocimiento del tema), la comunicación es la actividad humana de relacionar significados a través de un sistema simbólico. Más especificamente me interesa la comunicación humana por medio del lenguaje ya que el fenómeno de la sinonimia se da precisamente en este plano y no, por ejemplo, en la clave morse o en el lenguaje de señas. Me es muy útil el siempre mencionado esquema de la comunicación de Jakobson (1974) pues pone sobre la mesa y sin entrar en complicaciones excesivas los elementos más visibles de la comunicación que son útiles para analizar aunque sea modestamente gran cantidad de situaciones. El lector que quiera complejizar en el tema puede leer el texto obligado de prácticamente todas las carreras de letras "La problemática de la enunciación" de Kerbrat-Orecchioni (1986) donde se pone de relieve la falta de profundización del que es culpable el modelo de Jakobson.

Incluso restringiendo el tema surgen preguntas que es necesario encarar. ¿La sinonimia es una característica del léxico del emisor por si mismo? ¿Es del emisor usando una palabra o expresión cuando se comunica con el receptor? Si el emisor usa una expresión por otra por considerarlas sinónimas pero el receptor no comparte dicha competencia lexical ¿Hay sinonimia? Llegamos a un lugar común de las discusiones sobre la comunicación humana: la diferencia fundamental e inefable que hay entre lo que uno quiere comunicar y lo que otro interpreta. Sobre este asunto hay muchísimo escrito pero los clásicos son aquellos donde se analiza el significado como emergente de un contexto social-cultural por ejemplo Whorf (1956), Urban (1951), Ullman (1959) y más.

Entre tanta polémica que hoy día sigue abierta vuelve a ser necesario tomar partido para poder avanzar y pisar firme. Lo que importa para la sinonimia es precisamente aquello que da orígen a los problemas de comunicación y formación de significado: cada sujeto tiene en su propio léxico (Casso 2010) elementos que son sinónimos para él, y los utiliza bajo su propio conocimiento. La sinonimia se da entre palabras o expresiones de un mismo sujeto, no entre sujetos. Que por la naturaleza social del significado pueda haber cierto acuerdo en cuanto a expresiones es algo secundario y no esencial respecto a que significa ser sinónimo.

Parece entonces que ya tenemos un punto de partida bien definido. Vamos a hablar de la sinonimia en tanto conpceto que resulta pertinente para entender problemáticas que suceden en el plano de la comunicación. Para ello partimos de una definición sencilla de sinonimia y con los supuestos de que la comunicación sucede y es parte de la vida cotidiana. ¿Qué recorrido realizaremos entonces? Pasaremos primero por la matriz filosófica básica de cualquier relación semántica, el problema del significado donde abordaremos de manera breve el tratamiento que ha merecido a lo largo del Siglo XX, trataremos de definirlo y dejaremos en claro que noción de significado elegiremos ya que es solo en función de esta que se puede hablar de sinonimia. Dicho de manera implicativa: distintas nociones de significado conllevan a distintas sinonimias. Luego realizaremos un estado de la cuestión sobre la sinonimia en particular empezando con los clásicos griegos, pasando por los fundacionales de nuestro castellano en el año 1700, avanzando a través de la filosofía y los estudios de la psicología cognitiva, para llegar a los trabajos más recuentes en el siglo XXI. Después realizaremos un relevamiento breve de los distintos problemas que se pueden plantear a partir de lo analizado, así como de las ideas que intuitivamente cualquier lector podría tener respecto al tema, tratando de dar a cada problemática una respuesta sólida. Por último concluiremos con una reflexión con toma de postura sobre el tema a partir del análisis de todo lo anterior, para llegar a conclusiones que servirán siempre de punto de partida para la próxima reflexión.

Sin mucho más que decir, empezemos.

Bibliografía de la introducción

Casso, J (2010) . Análisis y revisión crítica de los materiales de evaluación de competencia léxica. Elaboración de un test de vocabulario de nivel umbral. Universidad de Nebrija. Publicación del Departamento de Lenguas Aplicadas.

Dance, F. (1967) Teoría de la comunicación humana. Biblioteca el tema del hombre. Editorial Troquel, Buenos Aires, Argentina.

Jakobson (1974) Linguistics and Poetics: Closing Statement (in Style in Language,Thomas Sebeok, ed., 1960). Trad.:Estilo del lenguaje Madrid, Cátedra, 1974

Kerbrat-Orecchioni, Catherine (1986)."La problemática de la enunciación", La enunciación. De la subjetividad en el lenguaje, Edicial.

Ministerio de Educación de la República Argentina (2015) Nucleos de Aprendizaje Prioritario. Cuaderno de Prácticas del Lenguaje. Nivel Primario y Nivel Secundario. Disponibles en www.educ.ar/recursos

Real Academia Española (2016) Diccionario. Disponible
en www.rae.es

Ullman, S. (1959) The principles of semántics: A
linguistic aproach to the meaning. Oxford.

Urban, W. (1951) Languaje and reality: The philosophya
of languaje and the principles of Symbolysm. London
and New York

Whorf, B. (1956) Languaje, thought and reality. New
York

1. El problema del significado

No hay que temer a afirmar que el significado es un problema, y muy grande. Antes que nada hay que notar que no hay una respuesta simple a la pregunta ¿Qué es el significado? Por que la más intuitiva algo así como "es lo que algo significa" no aclara absolutamente nada la cuestión. Para tener una idea más o menos acabada de significado quizá sea pertinente hablar de perspectivas que lo estudian o al menos a parte de él. Si parece que hay una necesidad de definir el término antes de avanzar a la sinonimia es por que cualquier análisis que realizemos no dice nada si no le queda claro al lector a que nos referimos cuando decimos dos palabras o expresiones tienen un significado parecido o muy próximo.

1.1. La lingüistica estructural

Empezaremos por la disciplina que más me es afin: la lingüistica estructural. El tema del significado es trabajado por la lingüistica estructural en el siempre presente *Curso de Lingüistica General de Saussure* (1916). El lingüista francés primero da un panorama sobre el lenguaje, que dice compuesto de la lengua (el sistema de signos que utiliza una comunidad para comunicarse) y el habla (el uso particular que un sujeto hace de dicho sistema). Dentro de la lengua se hace el análisis del signo lingüistico que se lo define como una entidad biplanica con un significante (una cadena fonológica) y un significado (la idea asociada a dicha cadena fonológica). Así podemos encontrar ya en un texto clásico una definición bastante concreta de lo que es el significado: una idea que está asociada a una cadena fonológica, una relación entre el plano mental con el significado y el material con la cadena fonológica (cabe señalar que si bien Saussure no hace énfasis en el uso por escrito del lenguaje, dicha hipótesis es igual de aplicable).

Hay que destacar que si bien esta conpceción de signo fue muy difundida y apreciada a lo largo del siglo no ocurrió sin crítica alguna. Una de ellas y seguramente la más estudiada es la que realiza otro Linguista francés de la escuela estructuralista: Emile Benveniste. En el apartado "La comunicación" de su *Problemas de Linguistica General Tomo 1* (1966) pone en evidencia la contradicción en la que incurre Saussure al plantear la naturaleza arbitraria del signo. Hace notar con mucha claridad que Saussure habla de "la naturaleza arbitraria del signo lingüístico" pero explicado a partir de "la relación no motivada entre significante y significado".

Como se ve entre los dos enunciados hay gran diferencia puesto que no se puede afirmar la arbitrariedad de la relación del signo con la realidad a partir de la arbitrariedad de una imágen acústica con un concepto. Esta distinción si bien parece menor y probablemente muchos de nosotros la hayamos pasado por alto al leer el clásico de Saussure, da pie a Benveniste para explicar sus propias ideas sobre el signo lingüistico. Siempre en línea con la afirmación del signo lingüistico como entidad biplánica significante-significado dice que la relación significante-significado es de naturaleza necesaria y no arbitraria. Basa esto en la concurrencia que tienen en nuestra cabeza las expresiones fóneticas y el concepto que tienen asociadas. Si fuera netamente arbitraria dicha relación podría no estar, pero eso no es posible pues en tanto está es necesaria. En palabras del autor "Hay entre ellos simbiosis tan estrecha que el concepto es el alma de la imágen acústica" (1966, 51) y utiliza para sostener dicha afirmación el mismo enunciado de Saussure sobre la inseparabilidad del signo, su unidad inherente, la metáfora de la hoja de papel donde no es posible separar una cara de la otra y no por eso dejan de ser dos caras. Deja entonces la arbitrariedad a la relación que hay entre el signo y la realidad. Es decir que para Benveniste lo arbitrario es que un elemento de la realidad sea representado o designado con un signo y no con otro. Cierra además su reflexión haciendo notar que esta arbitrariedad es una observación propia de los lingüistas, puesto que ve en la intuición de los hablantes una adecuación completa del lenguaje a la realidad.

A nuestros propósitos de discusión del significado se agrega un matiz muy polémico. En la relación necesaria significante-significado que se propone de repente el significado pasa a ser no solo un concepto mental sino a poseer también un componente material. Aquí el concepto no es el significado sino que el significado es aquello que evoca en el hablante la unión de la imágen acústica e imágen conceptual.

Otro autor dentro de la Lingüistica de cierto renombre aunque no tan estudiado es Hjemslev. Él realiza una re-elaboración del signo de Saussure hablando de una entidad biplánica de expresión y contenido (1943) y criticando a la lingüística anterior por idealista e inmanente. Es precisamente en función del carácter altamente empírico que el danés emplea para la definición de su glosemática que su noción de significado es levemente diferente a la de Saussure. Hjemslev ve al significado como una red de relaciones entre elementos y con esto se anticipa a muchas de las teorías conexionistas de mediados y fines del siglo XX. Si bien es cierto que el francés ya había hablado de valor lo había hecho en relación al signo no al significado.

Vemos la diferencia fundamental entre los dos autores. Para Saussure el significado es una imágen mental, para Hjemslev es una relación entre componente o elementos. Ambos comparten el hecho de que el significado está asentado o basado en algo material.

1.2 La Semiótica

Otra disciplina que se presta a hablar del significado es la semiótica. En este campo el clásico de clásicos es sin duda Peirce. Quiero aclarar un hecho que a veces es difuso o muchos estudiantes no tienen en claro al hablar de Peirce y su relación con Saussure. Peirce nace en el año 1839 y ya llegando al siglo XX William James lo reconoce como "el fundador de la pragmática". Se dedicó a muchas disciplinas pero todas relacionadas con la filosofía y la lógica. En cambio el francés nace en 1857 y se dedica mayormente a la fonología en conexión con el grupo de los neogramáticos oponiéndose a las gramáticas descriptivas clásicas. Peirce no construye su pensamiento oponiéndose al de Saussure, lo hace oponiéndose a las concepciones dialécticas de Fichte. Los dos no se conocieron ni cambiaron ideas. Además Peirce constituye una teoría de los signos general mientras que Saussure hace una teoría del signo lingüistico. Hecha esta aclaración, continuemos.

Lo primero que marca una diferencia con los dos autores trabajados anteriormente es que éste tiene una concepción triádica del signo (1958). Para Peirce un signo es "algo que está en lugar de algo para alguien y genera en ese alguien un signo más complejo", a su vez dicho signo tiene un objeto que es aquello que representa y un interpretante que es aquel signo más complejo que genera.

Si bien a nivel teórico puede sonar rebuscado no es incorrecto pensarlo simplemente como "algo que está en lugar de algo para alguien" y así ver como se introduce un elemento que había estado fuera de las entidades biplánicas: el sujeto. Es la incorporación del sujeto lo que permite a Peirce desarrollar su teoría pragmática de la semiósis. No hay signo posible sin alguien que lo esté interpretando. De ahí que el significado para Peirce no es algo particular e invariable sino general y en constante cambio. El pragmatismo filosófico del norteamericano consiste en que el significado puede ser entendido en función de las consecuencias prácticas de la definición del mismo como método para resolver dudas. Es decir que algo puede ser definido en función de las consecuencias que tiene, por ende el significado no es una invariable, está en la semiosis del signo triádico.

Entonces tenemos una aproximación a un significado que no es ni una imágen mental ni una red de relaciones entre elementos. En Peirce el significado puede ser interpretado como el conjunto de signos que un signo crea en un sujeto. Como se ve el significado es una consecuencia de la semiósis y no una causa anterior como parece serlo en la lingüistica estructual. El significado no está dado de antemano y puede ser representado, sino que en su misma representación está siendo y variando. Tengamos siempre presente que esta es una teoría general de los signos y no debe ser confundida con una teoría de los signos lingüisticos.

Otro autor clásico de la semiótica es el prolífero Charles William Morris. De muy variadas influencias y diversas actividades, lector de Peirce y también pragmatista, lo que es distintivo de Morris en cuanto a su teoría de los signos es su gran positivsmo y adhesión al método científico. Antes de hablar de su teoría de los signos y del significado que de ella emerge hay que aclarar que muchas de sus ideas están basadas en ideas propias del conductismo en psicología. Expresiones tales como condiciones de existencia, conducta observable, estímulo, entre otros, son moneda corriente en muchos de sus escritos.

El signo de morris está constituido por tres elementos (1936): el vehículo sígnico (S) que es la forma material a través de la cual el signo se vehiculiza, el designatum (D) es aquello a lo que el signo se refiere o alude y el interpretante (I) que son las consecuencias observables es decir aquello que los sujetos realizan una vez que han sido expuestos al signo, el efecto que éste causa en aquel. Es a partir de el papel fundamental que Morris da a las consecuencias observables que tiene un signo que se puede entender su concepto de significado. Margariños de Morentin da un ejemplo muy claro de como funciona la semiótica en el norteamericano con el caso siguiente (Margariños de Morentin, 1983): Un hombre viaja a una ciudad distante. En el camino otro hombre lo detiene y le comunica que la carretera adelante está cortada. El hombre da la vuelta y busca otro camino para ir a la ciudad. Si bien en el libro se realiza un análisis muy a fondo, el concepto de significado que se extrapola del análisis es sencillo y en consonancia con la filosofía pragmática: el significado del signo "comunicar que la carretera adelante está cortada" es el hombre que da la vuelta y busca otro camino.

Esto parece entrar en contradicción con la concepción fundamental de Morris que dice que "la relación entre un signo y su significado constituye la semántica" pero no es así por que en Morris el significado está en aquello que el sujeto atribuye como significado. Queda claro al pensar frases como "Iré mañana" donde no hay significado posible sin un sujeto en un contexto espacio temporal.

En Morris, como en Peirce, el significado emerge de la semiósis y tiene que ver con los efectos que ésta tiene en el mundo. Es decir el signo no está completo sin un sujeto, dicho sujeto es parte constitutiva y necesaria del signo. Para dejarlo completamente en claro, como señala Margariños de Morentin el significado en Morris es "un universo de infinito número de elementos, que no debe confundirse con la significación que es algo que existe y puede o no ocurrir pero es una función constante"

Las diferencias señaladas entre los dos semióticos y los dos lingüistas deben ser vistas como diferencias de objeto de estudio: el signo linguistico y su significado vs el signo general y su significado. Además, hasta ahora nos hemos limitado a hablar de significado dentro del sistema lingüistico o de creencias de un solo sujeto. Una gran cantidad de estudiosos y hasta el mismo sentido común ponen en evidencia que el significado tiene que tener (y tiene) algo de social o cultural en su constitución.

1.3 Los estudios de lo social-cultural

La sociología y la antropología tienen mucho que decir respecto al significado como emergente de un contexto cultura o contexto sociedad. Sin entrar aún en autores específicos se puede afirmar a partir del sentido y la vivencia del día a día que la mayoría de los significados lingüisticos o no lingüisticos son productos sociales o culturales (uso los términos de manera indistinta dado que a efectos de estas líneas son similares, pero una distinción básica que puede identificar el lector es que la cultura sucede en el marco de una sociedad más amplia. Por eso es habitual escuchar hablar de subculturas pero no de subsociedades, de alguna manera la cultura es un conjunto de prácticas que cohesiona a un grupo humano en tanto la sociedad es más bien una forma de organización humana que sirve de marco a la cultura y sus matices). Si afirmamos esto es a partir del hecho de que la comunicación sucede y nos entendemos la mayor parte del tiempo con nuestros coterraneos. Esto es posible gracias a la arbitrariedad de cualquier sistema simbólico. Si logramos definir las reglas de juego antes de jugar, todos estaremos jugando el mismo juego. Es lo que sucede (al menos en un nivel puramente sincrónico) cuando dos hablantes del mismo idioma hablan: puede haber particularidades relacionadas a la edad, la formación académica, el estatus social, el orígen geográfico y muchos más, pero son insignificantes en comparación a la eficacia que puede obtener la comunicación.

Está bueno en este punto retomar la clásica distinción que realiza Lyons (1980) entre denotación como el significado al cual una palabra se refiere en calidad de pertenecer a un sistema de elementos cuyo valor se determina a partir de la existencia de otros elementos en un sistema de relaciones de significado definido socialmente, generalmente representado a través del diccionario; contra la connotación como el significado que una palabra adquiere para un sujeto a partir de su experiencia de vida y las condiciones en las cuales dicho sujeto interpreta.

A simple vista parece que es una distinción apropiada y operacional puesto que reconoce la existencia de muchos significados que pueden ser asociados a una palabra determinada en una cultura determinada. Pero hay que complejizarlo para entender que dicha división no es más que una abstracción conceptual que opera sobre una realidad que no es en tanto analizada sino que es y en si misma se afirma. Si el significado connotativo tiene que ver con la experiencia personal es indiscutible que esta experiencia sucede en el marco de una cultura. Las maneras de significar (o sea atribuir significados) suelen estar de alguna manera orientadas por dicha cultura. A esto aporta la relación lenguaje-pensamiento tan trabajada por muchos autores y encarnada en la renombrada hipótesis Sapir-Whorf (1956) que sostiene la relación entre hablar una lengua y las posibilidades de conocer el mundo que dicha lengua otorga y no otras. Es decir es difícil hablar de un significado que exista independiente de una cultura. El significado denotativo no es más que la formalización de significados que son de uso más masivo que otros. Pero afirmar que son distintos tipos de significado es dar al significado una división analítica que no tiene. Pasemos a reformular un poco el asunto y poner en relieve que los sujetos puede tener y tienen significados privativos o exclusivos para las palabras pero dichos significados solo están en el sujeto, no en las palabras como propone Lyons.

Todo esto a cuento de mostrar cuan conflictivas son las relaciones que pueden establecerse entre significado y cultura-sociedad. En esta misma línea una parte de la antropología (que tiene puntos de convergencia con la sociología y la psicología social) intenta analizar como las personas construyen significados a través del uso de sistemas de símbolos. Nos referimos al interaccionismo simbólico. El principal exponente y el que nombra así a esta teoría es Herbert Blumer, un sociólogo de la conocida Escuela de Chicago y discípulo de Herbert

Mead. En palabras del mismo autor el interaccionismo simbólico se caracteriza por (1982):

. La forma en que las personas se comportan puede entenderse a partir del significado que atribuyen a los objetos y comportamientos. Estos significados se codifican a través de sistemas simbólicos y es a través de estos que las personas interactuan con la realidad, no de manera directa.

Este principio puede parecer obvio hoy día pero en el año que fue postulado (hacia 1938) era moneda corriente el enfrentamiento conductismo/psicoanálisis en psicología y el dominio de las teorías post-marxistas estructurales en sociología. Lo novedoso de este enfoque (y quizá su gran valor filosófico) es reconocer que solo entramos en contacto con la realidad a través de sistemas simbólicos y estos determinan nuestro desenvolvimiento en el mundo.

. El significado no es algo natural sino todo lo contrario: surge de la socialización y el agrupamiento de las personas. La materialidad (que si es natural) es la base necesaria para el significado pero éste la trasciende.

Esta premisa pone en relieve el papel secundario que tienen, por ejemplo, el significante Saussuriano o la expresión de Hjemslev. Lo material no es más que una excusa (aunque necesaria) para el desenvolvimiento de los significados. La construcción de los sistemas simbólicos necesitan algo material pero lo material no puede afectar lo simbólico, en tanto lo simbólico siempre afecta lo material. Esto está muy en consonancia con la dicotomía Función práctica/Función de Jan Mukarovsky (1936) que daba el ejemplo de, por ejemplo, el trono de un rey. Si vamos a lo material, no es más que una silla bien hecha. Pero es lo que el denomina "energía social" lo que le da función estética al trono y lo hace digno de estar, por ejemplo, en un museo. Nótese como aquí también lo simbólico tiene procedencia por sobre lo material.

. La conducta de las personas tienen que ver con la manipulación, construcción, polémica, destrucción y negociación de símbolos.

Esta idea es bastante interesante por que evidencia la intencionalidad en todo acto humano. Aquí el sujeto en vez de ser subsidiario de fuerzas que no puede comprender (como en el psicoanálisis), ser un mero generador de respuestas pre-establecidas o aprendidas a estimulos (conductismo en su forma clásica u operante) o comportarse de acuerdos a intereses de clase o reproduciendo los intereses de una clase que no es la suya en el marco de una lucha entre explotador y explotado (materialismo histórico y estructuralismo), el sujeto aparece como constructor, manipulador y vivenciador del mundo social a través del uso de distintos significados compartidos.

Naturalmente una teoría como esta hace énfasis en el concepto de comunicación ya que es a través de ella que puede suceder este movimiento simbólico. De esto habla el precursor del interaccionismo simbólico y el maestro de Blumer, el ya nombrado Herbert Mead. En su libro *Espíritu, persona y sociedad* (1928) refiere a la conformación de la conciencia en los niños a través de la comunicación. Es decir que solo a través del acto de comunicarse con otro y de esa manera auto-objetivarse es que el niño puede tener conciencia de si mismo. Esto sirve como base para la posterior formación coherente del sujeto, dado que si un sujeto puede adquirir la visión del otro que es necesaria para la comunicación, puede verse a si mismo desde afuera. A su vez esta capacidad promueve la interacción del sujeto consigmo mismo y es que así va formando sus ideas, objetivos, fantasías, expectativas y a partir de estas formaciones (significados) el sujeto interactúa con los demás.

Así podemos ver que el significado para el interaccionismo simbólico está en el sujeto que hace circular significados que emergen de su diálogo con la sociedad. En detrimento de la autonomía de lo material que parecía haber en la linguistica estructural y la autonomía del sujeto en la semiótica, aquí la cultura-sociedad cobra un papel fundamental en el significado ya que sin ella no es posible ni su generación, ni su modificación ni su desaparición.

1.4 La filosofía analítica

Hasta ahora venimos revisando teorías en las cuales el significado parece ser una consecuencia de planteos teóricos que buscan explicar otros asuntos. Es decir que si bien el significado siempre tiene un rol fundamental no es un objeto de discusión muy profunda (nótese que los pequeños cruces entre teorías son más observaciones mías que verdaderas discusiones entre postulados). No obstante me pareció necesario realizar esta repaso de nociones generales de significado que se dieron hasta mediados del siglo XX para estar un poco más familiarizado con conceptos e ideas que son necesarias para entrar a la discusión filosófica compleja del significado. Es decir, la complejización del significado en si misma.

Para dicho análisis tomaré y analizaré mínimamente las ideas de tres filósofos bastante conocidos y que se consideran fundamentales en cuanto a la filosofía del lenguaje y el significado: Frege (1848-1925), Russel (1872-1970) y Wittgenstein (1889-1951). Antes de pasar a sus ideas vamos a hablar sobre que se ocupan sus teorías y en el marco de que supuestos, así como aquello que comparten y motiva su aparición en este apartado sobre el significado. Lo primero que hay que decir es la relación de estos tres autores con la llamada Filosofía Analítica. Esta denominación corresponde a una manera de entender los supuestos, los estilos y los propósitos de hacer filosofía que están inspirados en la lógica, la matemática y el empirismo en muchas de sus variantes. Dentro de esta forma de hacer filosofía el lenguaje ha sido uno de los elementos centrales de análisis, en especial el lenguaje en su forma viva, los usos que a utilizamos a diario, alejados de sujetos ideales hablando una lengüa ideal. Su característica más marcada y que suele diferenciarla de la llamada filosofía continental es la reticencia a los conceptos metafísicos. Esta filosofía continental (término que agrupa corrientes filósóficas que no son analíticas tales como el existencialismo, la hermenéutica, el idealismo, entre otros) tiene como principales características el rechazo por el cientificismo, la relación con las ciencias sociales como paradigma de interpretar la realidad, una apertura a la metafísica y la importancia del sujeto y su experiencia en la constitución de cualquier significado. Esta distinción, si bien es a grandes rasgos, permite entender la gran diferencia de base entre dos maneras hacer filosofía. La selección de estos tres autores reside en que los tres tratan de manera explícita el problema del significado desde un enfoque que hasta ahora no hemos utilizado en este texto: la lógica y la matemática. El énfasis que ponen es la discusión de que es lo que realmente se significa cuando se utiliza una oración y para dar respuesta a esto acuden a cuestiones tanto lingüisticas como lógicas, llegando también a utilizar conceptos de matemática tales como la identidad o la función. Además los tres se relacionaron de manera directa: Frege con Russel a través de polémicas sobre el significado, y Russel con Wittgenstein a través del Trinity College donde Wittgenstein fue alumno de Russel.

El sentido de manera general puede ser definido como el significado de una proposición en función de sus propios elementos y la denotación como la simple referencia de una proposición a un elemento de la realidad tanto interna como externa al sujeto. Ambas definiciones son personales y provisorias pero tienen la ventaja de ser sencillas y útiles a la hora de entender las viscisitudes que se sucederán en los párrafos siguientes.

De esta manera el análisis que aquí realizaremos versará sobre los conceptos de sentido-denotación y su relación con el significado. Cobrará especial relevancia en un análisis posterior el concepto matemático-lógico de identidad de forma $x=x$ pues sobre este la sinonimia puede ser analizada de manera muy precisa.

Frege parte de las relaciones de identidad del tipo $a=a$ y $a=b$ (1892). Para el primer caso dice que no puede decirse demasiado dado que una frase de estas sería "un perro es un perro". En cambio los enunciados del segundo tipo como "un perro es un animal" no pueden compartir identidad ni a partir de los signos de objetos ni de de los objetos per se. Es decir que si la igualdad está dada a partir de que son iguales los signos que se emplean para significar en realidad no estamos afirmando nada por fuera de la realidad proposicional (un perro es lingüisticamente similar a un animal en términos autarquicamente formales de lenguaje). Y si en cambio la igualdad está dada por aquello a lo que se refieren los dos enunciados lo que nos dice no es para nada diferente de si mismo por que habría una coincidencia de referencia (el referente del perro en la realidad es exactamente el mismo que el de un animal). Para poder avanzar y ser explicativo propone distinguir referencia de sentido. Así la referencia es la relación de un signo con un objeto del mundo real mientras que el sentido es la forma en que la referencia es dada. Ambos elementos son constitutivos del significado. De esta manera quedan claras cuestiones que eran motivo de debate tales como los términos como "unicornio" que no tienen referencia pero tienen sentido, así como las no inconsistencias en casos como la famosa "estrella diurna/estrella vespertina" donde hay un solo referente y dos sentidos. Además hay que destacar que el sentido no es algo meramente subjetivo sino objetivo. Es la forma en la cual los sujetos se aproximan al objeto a través de su manera de referirlo y por lo tanto el significado en su conjunto no es una representación conceptual o una relación entre elementos sino un objeto determinado. No obstante el matemático no deja de reconocer que hay una subjetividad en todo este asunto y lo coloca en la representación mental del signo que un sujeto hace a partir de sus sistemas sensoriales. Así el sentido es algo propio de una proposición en tanto las representaciones son subjetivas y se requiere hablar de un sujeto que las tiene.

Tenemos entonces en este autor de una palabra o proposición: su referente (relaciones de verdad/falsedad contrastables), su sentido, su significado (que combina las dos anteriores) y la representación mental (que no forma parte del significado). Se evidencia a partir de este pequeño análisis que el significado parece estar más cerca de lo objetivo que de lo subjetivo. Pareciera que este está determinado por la forma y contenido propios del sistema lógico lingüistico más que por la experiencia del sujeto en el mundo.

Habíamos dicho antes que Frege y Russel habían intercambiado correspondencia polemizando en torno a la teoría de conjuntos, donde Russel demuestra una contradicción insalvable en la teoría de conjuntos de Frege. La comunicación a este respecto es generalmente conocida como "La paradoja de Russel" o "La paradoja del Barbero" por ser está la forma más popular de las muchas que surgieron para poner en términos asequibles la forma lógica de la contradicción.

En un lejano poblado de un antiguo emirato había un barbero llamado As-Samet diestro en afeitar cabezas y barbas, maestro en escamondar pies y en poner sanguijuelas. Un día el emir se dio cuenta de la falta de barberos en el emirato, y ordenó que los barberos sólo afeitaran a aquellas personas que no pudieran hacerlo por sí mismas. Cierto día el emir llamó a As-Samet para que lo afeitara y él le contó sus angustias:

—En mi pueblo soy el único barbero. No puedo afeitar al barbero de mi pueblo, ¡que soy yo!, ya que si lo hago,

entonces puedo afeitarme por mí mismo, por lo tanto

¡no debería afeitarme! Pero, si por el contrario no me

afeito, entonces algún barbero debería afeitarme, ¡pero

yo soy el único barbero de allí!

El emir pensó que sus pensamientos eran tan profundos,

que lo premió con la mano de la más virtuosa de sus

hijas. Así, el barbero As-Samet vivió para siempre feliz y

barbón

Una explicación sobre la teoría de los conjuntos no es

pertinente en este texto, no obstante la intención de la

cita de la paradoja (además de por el interés lógico

respecto a los conceptos de inclusión en la teoría de

conjuntos) es mostrar el grado de relación que había

entre los dos pensadores.

Pasemos ahora al pensamiento de Russel respecto al

significado. Para eso encararemos el clásico *Sobre la*

denotación (1905). Distingue primero entre el conocimiento directo del mundo y el conocimiento acerca de, diferenciándolos por el hecho de que al conocimiento de mundo se accede de manera experiencial en tanto al conocimiento acerca de se accede a través del uso de frases denotativas. La idea de frase denotativa (que es diferente a la denotación como lo entendía Frege, es decir como referencia) lo es en virtud de su forma y no necesariamente en función de si denota algo, no denota algo o denota ambigüamente. Son frases denotativas que denotan objetos definidos las del tipo "el presidente de Argentina", "el vaso que está sobre la mesa"; como se ve lo son por que su significado es un objeto determinado (entiéndase esta frase en sentido amplio). Son frases denotativas que no denotan nada la clásica "el rey de Francia", "el unicornio de mi hermana" y todas aquellas en las cuales hay un sentido pero no puede reponerse una referencia en el mundo real. Y son frases denotativas que denotan de manera ambigüa aquellas como "un gato" "algún hombre" puesto que si bien se sabe que se refiere a un hombre no se puede especificar cual.

En palabras del propio autor "En la percepción tenemos conocimiento directo de los objetos de la percepción y en el pensamiento tenemos conocimiento directo de objeto de un carácter lógico más abstracto; pero no tenemos necesariamente conocimiento directo de los objetos denotados por frases compuestas por palabras de cuyos significados tenemos conocimiento directo" (1905, 153) En palabras más sencillas sostiene que si bien accedemos a significados por conocimiento directo, utilizarlos para construir frases denotativas no hace que aquello a lo que las frases denotativas refieran sea algo propio de ser descripto como conocimiento directo para nosotros. Y define como hipótesis central de su teoría lo siguiente: las frases denotativas no tienen significado alguno en si mismas, pero toda preposición en cuya expresión verbal figuran tiene un significado.

Para desarrollar esta idea toma como ejemplo la frase "encontré un hombre" y dice que lo que esta frase significa no es que yo me encontre con un hombre determinado sino que "Encontre x, y x es humano; no es siempre falsa" Puede parecer rebuscado pero lo que expresa es que cuando usamos frases del tipo indeterminado estamos afirmando que algo existe y de ese algo se afirma tiene una propiedad y todo este enunciado alguna vez es verdadero, puesto que implica que alguna vez me encontre con un objeto que tenía características para ser considerado humano. Es decir, la frase denotativa no tiene significado en si mismo, carece de él pero siempre da a la frase en que se emplea un significado, por ejemplo si decimos "me encontre un hombre pelado" el significado no es que me encontre un hombre que no tiene pelo sino que "encontre un hombre del cual se puede afirmar que es hombre y no tiene pelo"; aquí la frase denotativa da el significado a la frase. Incorrecto sería creer que el significado de esta frase es "hallé a un hombre sin pelo".

En el pensamiento de Russel la distinción entre denotación y significado (en lugar de la distinción denotación y referencia de Frege a la cual Russel critica) es de vital importancia ya que es necesario para entender el significado observar que una frase puede hablar de la denotación de un significado y no del significado mismo.

Acá se retoma la tesis esencial del autor que propone que una frase denotativa no tiene significación propia de manera aislada sino que la adquiere (como la mayoría de las palabras aisladas) en el contexto de una oración. Pone como ejemplo la oposición Scott era un hombre/El autor de Weverly era un hombre. En el primer caso la forma de la oración es "x era un hombre" y no hay relación de identidad con la segunda por que la forma de la segunda en realidad es "una entidad y solo una escribió Weverly, y Scott era idéntico a ella; y Scott era un hombre". El significado en este caso para Russel, aunque cueste verlo, está en el acceso que el sujeto tiene a las cosas a través de los dos tipos de conocimientos: el conocimiento directo y el conocimiento acerca de.

La complejidad del término significado en el artículo aplica al significado de las frases denotativas, que puede ser aún más complejizado y así lo hace el autor; pero con lo dicho hasta ahora es suficiente para ver las diferencias de enfoque entre Frege y Russel y como cada uno tiene una particular concepción de que es el significado, la referencia, la denotación, etc.

El último autor a analizar se trata de Wittgenstein. Nacido en una familia de gran porte económico y enorme porte cultural, sus intereses fueron tan diversos como la música (muchos ejemplos de sus textos tienen que ver con ella) y la ingeniería (diseño y patento un motor a reacción para helicópteros), aunque pasa a la historia del pensamiento con sus estudios sobre la filosofía de las matemáticas (área en la cual toma contacto con el ya mencionado Bertrand Russel) , la lógica y el lenguaje.

De su extensa obra la crítica y el mismo delimitan dos periodos muy diferenciados en cuanto a ideas en torno al lenguaje, la representación y el significado; típicamente conocidos como: el Wittgenstein del Tractatus y el Wittgenstein de las Investigaciones (Monk, 2002).

El primer período es representado en su conocida obra *Tractatus lógico-philosophicus* (1921) a cuya primera edición bilingüe prologó el ya mencionado Russel. Dado lo extenso del texto y las diversas áreas a las cuales se presta, para el análisis enfocado en los temas que nos interesan seguiremos la lectura de Padilla Galvez (2009). Wittgenstein entiende al mundo de una manera bastante científica es decir que el mundo es y es el deber de la ciencia (que a su vez está basada en el lenguaje de la lógica) describirlo en su totalidad. Así como en la lógica el autor encuentra en el lenguaje una capacidad de correspondencia absoluta entre lenguaje-realidad que puede ser validada a través de procedimientos formales de manera tal que toma distancia de las posturas más idealistas y se acerca a sus predecesores analíticos. Llega incluso a radicalizar aún más dichas posturas al afirmar que entre el lenguaje y el pensamiento hay una relación de identidad, de manera tal que no hay mundo posible sin lenguaje y éste define la forma de aquel. La forma lógica para este autor esta presente no solo en el lenguaje sino que por extensión lo está también en el pensamiento y por lo tanto en el mundo mismo.

La idea de significado y su relación con la verdad están fundamentados en lo analizado en el párrafo anterior. Una frase tiene sentido si es capaz de describir un estado de cosas lógicamente posibles (el término aquí es utilizado para diferenciar el sentido de los valores de verdad que puede tener. Por ejemplo tiene sentido decir "tengo dos gatitos" pero es falso por que tengo uno). Así la realidad está conformada por todo aquello que puede ser pensado (es decir que tiene sentido independientemente de su relación con la verdad). Como puede concluirse de manera lineal el significado está dado por la relación entre un enunciado con sentido y el lenguaje-pensamiento utilizado para concebirlo. Solo algo con sentido puede tener significado. Si no tiene sentido no tiene significado, tal es el caso de las tautologías y las contradicciónes lógicas cuyo significado tiene que ver solo con la lógica como sistema formal. De nuevo como en Frege y Russel el significado parece ser inmanente y propio de la forma y su correspondencia con un mundo dado.

Una crítica que el lector puede ver seguramente con mucha facilidad es que si bien Wittgenstein niega el carácter trascendente de nada, es el carácter trascendente que da a la lógica lo que fundamenta toda su teoría. Esto no se le escapa al autor y afirma la lógica en un punto no habla del mundo sino de misma. Es decir, no teme afirmar la necesidad de trascendensia de la lógica para confirmar sus propias tesis.

No vamos a realizar un análisis del segundo Wittgenstein puesto que los cambios de enfoque que toma respecto al lenguaje lo alejan del nucleo duro de la filosofía analítica. Si vamos a destacar el cambio en la idea de significado y su relación con el lenguaje que sucede. De corte mucho más pragmático, encuentra que el significado de una proposición tiene mucho más que ver con el uso que se hace de ella a la hora de relacionarse con el mundo que a la forma lógica que subyace a dicha proposición. Lo mismo ocurre con los criterios de verdad y falsedad que ya no serán propios de un mundo que está sino que pasan a estar ligados y dependientes del contexto particular de enunciación y la concepción de mundo que cada sujeto tiene. Ahora el lenguaje no solo describe sino que tiene un sin fin de usos.

Hemos realizado un análisis breve sobre como la filosofía analítica encaró el problema del significado apelando a la lógica en su forma más pura. Así, ya hemos hablado del significado en el estructuralismo lingüistico , en la semiótica norteamericana, en los estudios de lo social-cultural y en la filosofía analítica. Algo para destacar es que hay una clara división de ideas sobre lo que es el significado y como se relaciona con el lenguaje y el mundo que deriva del foco de estudio. Es decir es inherente a una teoría sociológica o cultural buscar en el significado en el medio del entramado social así como es lógico en la lingüistica estructural decir que el significado solo puede estar basado el signo lingüistico o que el significado está ligado de manera directa a la forma en la lógica.

1.5 La teoría neurocognitiva del lenguaje de Lamb

Hacia mediado del siglo XX hay un cambio en los intereses que la psicología había tenido respecto a su objeto de estudio y la forma de encararlo. Se le suele llamar revolución cognitiva y la principal características es que es un fenómeno que devino interdisciplinar: autores del lenguaje como Noam Chomsky, Neisser en psicología, Turing en la informática, Fodor y Katz en semántica generativa y muchos más en ámbitos como la economía, la antropología, la teoría de la comunicación, la cibernética, la sociología, darán lugar la Ciencia Cognitiva per se cuyo objeto de estudio es cómo se representa la información el cerebro/mente. A su vez el devenir de esta disciplina hacia fines de siglo XX establece una relación directa con el desarrollo de las Neurociencias consistentes en la aplicación de la biología, la farmacología, la bioquímica y los estudios sobre el cerebro en campos específicos de disciplinas humanas.

Así llegamos a un Siglo XXI cuya principal característica parece ser la disolución de los enfoques disciplinares especializados en pos de un conocimiento más integrativo. En este marco surge y se desarrolla la llamada Teoría Neurocognitiva del lengüaje (de ahora en más TNC)

La incorporación de lo que distintas teorías han dado en llamar lengüaje a la biología no es un acontecimiento tan reciente. Tal como señala Gil (2010) ya Chosmky y otros lingüistas formados en la teoría generativa entendían el lenguaje como elemento constitutivo de la biología humana. En el marco de esta "biolingüistica" (aunque con presupuestos totalmente diferentes) otro investigador prominente, Sydney Lamb (1999, 2004, 2004b), ha realizado un enfoque desde la teoría neuro-cognitiva que propone el estudio de *"el sistema lingüístico de los individuos"* a partir del contrastamiento empírico de las hipótesis linguisticas con los datos que se tienen sobre el cerebro humano (Lamb:2006)

La gran hipótesis de esta "biolingüistica neurocognitiva" es que lo que hemos dado en llamar "lengüaje" es un conjunto de redes relacionales neuronales donde no se puede hablar de elementos, sino más bien de relaciones. Esta idea, admite el mismo Lamb, no es propia suya sino que es tomada de Hjemslev que ya había anunciado que el día en que la lingüistica lograse librarse del supuesto de que había algo más que relaciones en la lengua, pasaría realmente a ser una disciplina científica.

Es decir, no concebir el sistema lingüistico como un conjunto de elementos que está almacenado en el cerebro que, sumado a un conjunto de reglas, da como resultado la producción de un enunciado; entenderlo como pequeños sistemas de redes de neuronas que a partir de su interacción permiten a un individuo reconocer, interpretar y producir enunciados. Ya no se habla de fonemas, morfemas y palabras como elementos individuales que construirían un "significado". Puesto que se trabaja sobre la idea de relación entre distintas neuronas que estimulan o inhiben grupos particulares de relaciones, el significado de una palabra ya no será tal como se lo entiende tradicionalmente, sino que será un conjunto de representaciones perceptuales proveniente de sistemas multimodales, que se activan cada vez que un individuo reconoce o produce dicha palabra. Y, en adición, se trata de sistemas de procesamiento en paralelo, lo cual no permitiría una escisión estricta entre la fonología, la sintáxis y la semántica en cuanto a orden de procesamiento.

En esta línea de pensamiento se integran otros pensadores, pero provenientes de la psicología cognitiva tales como Barsalou (2009) que, a través del modelo de cognición situada, trabaja con la idea de que un concepto no es más que un conjunto de atributos perceptuales interpretados a partir de la estimulación de neuroreceptores. Este tipo de estudios está avalado por un estudioso de la metodología en cognición situada, McRae (2005) que definió las características que debían tener los estudios para gozar de validez ecológica.

De esta breve revisión de los conceptos principales de la TNC y afines se puede observar el enorme cambio de paradigma en relación a la comprensión del significado que ha sucedido tras aproximadamente cincuenta años de estudios y polémicas. El significado ya no es definido estrictamente en términos de signo lingüistico, ni de signo en general. Tampoco se busca de manera exhaustiva en una cultura como determinante, ni se busca la solución al problema de la referencia y el significado en cuestiones formales. No es que los aportes de las disciplinas analizadas anteriormente no sean útiles sino que simplemente aparecen integradas en una hipótesis mayor que busca su apoyo en el estudio del cerebro humano.

Nadie se atrevería a negrar que el significado se constituye en un marco social. Tampoco nadie afirmaría que puede haber significado sin signo o sin sistema de símbolos. Y sería muy complicado sostener que puede haber significado en un sistema linguistico sin lógica formal que describa y configure dicho sistema. Pero todos estos supuestos están supeditados a lo que el soporte físico para la producción, interpretación y configuración del lenguaje pueda o no realizar (el cerebro).

1.6 Conclusiones

Hemos realizado un recorrido breve e incompleto. No hace falta decir que los textos analizados han sido reducidos a sus hipótesis e ideas más simples para lograr así una mayor concretud en cuanto al contenido mismo. Lo mismo ha pasado con los autores. Muchos que podrían haber sido incluidos han sido omitidos y en cierto sentido toda selección implica una de postura respecto al tema que se trata. He buscado hacer una revisión sobre distintas concepciones que distintas teorías tienen sobre el contenido y para eso me he basado principalmente en características generales y textos en su mayoría clásicos. Mi objetivo ha sido dar al lector un panorama amplio sobre las formas en que el significado (que recordemos es el nudo central del tema que motiva este texto: la sinonimia) puede ser entendido a partir de la contraposición de posturas. Así como yo he hecho insto al lector a que elabore sus propias ideas sobre textos que él lee y su relación con el concepto de significado.

Habíamos dicho en la introducción que dejaríamos en claro cual es el concepto de significado que es coherente con nuestra postura sobre la sinonimia. Debo hacer honor a mi palabra y admitir que se está en consonancia con las ideas propias de la TNC de Lamb y la psicología cognitiva, línea en la cual he trabajado muchos de mis escritos para publicaciones y congresos. Esto no significa que el significado haya dejado de ser un problema. La polémica siempre está abierta y en toda disciplina el conocimiento siempre es provisional, el espíritu de la investigación en cualquier área nunca es la confirmación de ideas preconcebidas sino la conformación de ideas y su diálogo con las previas a partir de estudios innovadores.

Dicho esto, toca ahora realizar un trabajo a fondo sobre

la sinonimia

Bibliografía del capítulo 1

Barsalou, Lawrence (2009): Simulation, situated conceptualization and prediction. *Philosophy Transactions of the Royal Society*. B364. 1281-1289

Benvenist, E. (1966/1971) Curso de Linguistica General. Tomo 1. Editorial Siglo XXI. Madrid, España.

Blumer, H. (1982). El Interaccionismo simbólico, perspectiva y método. Barcelona Hora D.L

Frege, G (1892). Sobre sentido y significado. Ztschr. f. Philos. v. philos. Kritik, N.F. 100, 1892, s. 25-50. (Revista de filosofía y crítica filosófica, Nueva Serie 100, 1892, pp. 25-50.)

Gil, José (2009):Neurología y lingüística: La teoría de las "redes relacionales" como una alternativa ante Chosmky. En *Revista de Investigación Lingüística*, nº 12 (2009); pp. 343-374 ISSN: 1139-1146 Universidad de Murcia

Gil, José (2010): Sobre la posibilidad de una

biolingüística neurocognitiva. En revista teorema Vol. XXIX/1, 2010, pp. 63-80 [BIBLID 0210-1602 (2010) 29:1; pp. 63-80]

Hjelmslev, L. (1943/1961). *Prolegomena to a Theory of Language.* Traducción al inglés por F.J. Whitfield, segunda edición. Madison: University of Wisconsin Press.

Lamb, Sydney (2004) "Dimensions of the Territory of Neurolinguistics", en *Language and Reality,* London &New York, Continuum, 16, pp. 318-323.

Lamb, Sydney (2004b): "On the Perception of Speech", capítulo 18 de *Language and Reality*

Lyons, J. (1980) Semántica, Barcelona, Teide, pp. 3-15.

Mc Rae (2005) Semantic feature production norms for a large set of living and nonliving things *Behavior Research Methods, Instruments, & Computers 37 (4), 547-559.*

Margariños de Morentin, J (1983) El signo. Las fuentes

teóricas de la semiología. Hachette, Buenos Aires, Argentina

Morris, C (1936) "The Concept of Meaning in Pragmatism and Logical Positivism." In Actes du Huitième Congrès International de Philosophie, Prague, Czechoslovakia, 2-7 September 1936 (Prague: 1936. Rpt., Nendeln und Leichtenstein: Kraus Reprint, 1968), pp. 130-138. Reprinted in Logical Positivism, Pragmatism, and Scientific Empiricism (Paris: Hermann et Cie., 1937), pp. 22-30

Mead, G. (1928) Espíritu, persona y sociedad, Paidos, Buenos Aires, 3.a ed. 1972,

Mukarosvky (1936) Función, norma y valor estético como hechos sociales. En Escritos de Estética y Semiótica del Arte. pp. 44-122

Padilla Gálvez, J (2009) Wittgenstein I. Lecturas tractarianas. Madrid, México D. F.: Plaza y Valdés. ISBN 978-84-96780-18-7.

Peirce (1958) Collected Papers, vols. 1-8, C. Hartshorne, P. Weiss y A. W. Burks (eds), Harvard University Press, Cambridge, MA, 1931-1958.

Peirce (1966) The Charles S. Peirce Papers, edición en microfilm, Harvard University Library, Photographic Service, Cambridge, MA,

Monk, Ray (2002) Ludwig Wittgenstein. El deber de un genio. Barcelona: Anagrama.

Russel, B. (1905) Sobre la denotación. Disponible en Revista Teorema Volúmen XXIX/3, 2005. pp 53-169

Saussure, F (1916/1945) Curso de Lingüistica general. Traducción, notas y prólogo de Amado Alonso. Editorial Losada, Buenos Aires, Argentina.

Whorf, B.L. (1956). *Language, Thought, and Reality*. Editado por John Carroll. Cambridge, Mass.: MIT Press.

2. La sinonimia

2.1 Estado de la cuestión

2.1.1 La sinonimia en la historia y la lingüistica

Sin hablar de sinonimia aunque con una gran intuición respecto a ella el primer hombre del cual se tiene registro en plantear el tema de las diferencias de significado y la posibilidad de que dos palabras signifiquen lo mismo es el sofista Pródico de Ceos en el siglo V A.C. Si bien no se tiene conocimiento directamente de sus dichos, Platón se refiere a él como un interesado por hacer ver a las personas que las palabras parecidas son precisamente parecidas y no iguales y que distintos usos pueden acarrear distintas consecuencias en la vida del sujeto y en el debate público. En esa misma época Aristóteles se refiere al valor de igualdad que los objetos pueden tener aunque se los refiera con distintos nombres. No fue sino Eupeusipo quien reformula la idea de sinonimia de las cosas como una característica de las expresiones o frases y no de las cosas, argumentando que esta era solo una de las trampas lingüisticas que los sofistas manejaban a la perfección para urdir sus artimañas y realizar fraudes. Se observa así un gran interés por la sinonimia como objeto útil y práctico en el marco de la retórica.

Esta tradición se continúa con el Imperio Romano con la incorporación de la sinonimia no solo en la retórica como persuasión sino también en la estilistica (por ejemplo en la actividad jurídica). Debemos la utilización del término en romano a Aquila Romanis que lo retoma de Aristóteles y ve en la sinonimia una figura en la cual las distintas palabras refieren a una misma idea. Como se ve toma la idea y la modifica ajustándola a la que podemos tener hoy en día. Sin embargo el gran orador de la sinonimia fue Cicerón cuya magistralidad discursiva en el uso de sinonimos fue tal que se escribio un "Synonyma Ciceronis" texto de consulta sobre sinonimia que se utilizó por siglos.

Pero el salto cualitativo en sinonimia se da cuando se independiza de la retórica y pasa a formar parte de los intereses de los estudiosos del lengüaje. Paradigma de esto tenemos con *Sobre la diferencia en los sinónimos* de Eleuco de Alejandría. No obstante hay que destacar que durante la edad media la mayor parte de los trabajos en torno a la sinonimia consistían en listas y grandes corpus no demasiado sistemáticos más que en reflexiones lingüsiticas o de índole semántico.

Ya en el campo de la lengüa española la sinonimia es un tema que ha sido trabajado desde los Siglos XVIII-XIX, bajo la forma de grandes diccionarios de sinónimos donde se ha problematizado el alcance de la noción misma de la sinonimia y su posibilidad (Gonzalez Pérez, 1994). Entre éstas podemos destacar *Ensayo de los Synonimos* de Manuel Dendo y Ávila (1756), *Ensayo de la posibilidad de fixar la significación de los sinónimos de la lengua castellana* de José López Huerta (1789) y *Colección de los sinónimos de la lengua castellana* de José Joaquín de Mora (1855), también tiene un lugar interesante *El lenguaje marginal de los siglos XVI-XVII españoles. Los sinónimos de delator-cornudo-ojo* de Alonso Hernández (1967) un artículo que si bien es del siglo XX analiza la sinonimia como un fenómeno que existe en el español de larga data. No obstante, tal como señala González Pérez, esta gran proliferación de obras marcaba una tendencia bien definida desde los mismos títulos de sus obras. Se afirma la existencia de sinónimos y se los clasifica o presenta sin dar fuertes argumentos para confirmar la sinonimia, asentándose la idea en la buena comprensión del lector al darla por sentada. Es oportuno hacer una excepción y nombrar a quien podría ser considerado el primero en realizar una reflexion sobre la sinonimia pensada como un continuum es Gabril Gerard que con su *La justesse de la langue françoise, ou les différentes significations des mots qui passent pour synonymes*, aparecida en 1718, allana el camino para los posteriores estudios en forma de diccionarios sistematizados o reflexiones metalingüisticas sobre el tema.

Pese a esta diversidad, llegando a mediados del Siglo XX, Bernard Levy (1942) marcaba que "La historia de la sinonimia española es, en gran parte, un terreno relativamente poco explorado". Pérez, en el artículo ya citado, explicita que la sinonimia, dentro de la semántica, ha sido dejada de lado bajo premisas axiomáticas que se quedan en la idea de que nunca se podrá lograr la igualdad total de significados. Gonzalez Martinez (1989) señala que dentro de la poca atención que ha recibido el tema, cada una de las posturas que se han ido presentado, si bien resultan impecables en sí mismas, no llegan nunca a resultar viables si se busca su aplicación al análisis de situaciones comunicativas reales Asimismo, diversos autores (Hernández García, 1995) señalan que, contando excepciones, el panorama no ha variado demasiado. Entre estas excepciones, se destacan los trabajos de Salvador, G. (1985) y Lyons, J. (1979) que plantean posiciones definidas en torno al tema y las defienden a partir del análisis de grandes diccionarios o corpus particulares. Otra gran variedad de estudios que no se tienen en cuenta para este trabajo, hacen énfasis en aspectos históricos sobre el tema o se limitan a proponer grandes corpus de sinónimos.

Martínez López, J. (1997) explica que la divergencia en las posturas está dada por puntos de partida diferentes (no se considera la misma definición de sinonimia, algunos analizan la lengua, otros analizan el habla, etc.) y en su propio análisis toma en cuenta que al actualizarse la lengüa en el habla, se pierde cualquier neutralidad pretendida en los diccionarios. No hay que dejar nunca de lado que el diccionario en sí es una forma de definir fuera del uso el significado, que si bien está elaborada a partir de estudios sobre el uso, nunca podrá ser totalmente fiel al mismo, puesto que en cada acto de habla, la lengua cambia lentamente. Porqué un diccionario y una gramática son una abstracción; ilusión de que hay un sistema único y homogéneo .

Hay que hacer espacio también para mencionar aquellos estudios que, basados en supuestos propios de la lingüistica, han hecho algo concreto con la sinonimia. Es decir, los estudios de aplicación y no de discusión teórica. En un análisis de los discursos del polémico presidente venezolano Hugo Chavez, Thays (2010) utiliza un modelo de análisis del discurso enfocándose en la sinonimia como estrategia discursiva de legitimación del partido político propio y en desmedro del opositor. Este empleo de la sinonimia funciona a partir de los principios propios del discurso oral: baja densidad lexical, tendencia a la redundancia, paralelismo sintácticos y otros que permiten utilizar la diferencia de significados a favor de la manipulación del discurso. Otra aplicación muy interesante ha sido la utilizada por Vega y Ullaluri (2012) que, combinando el saber de la ingeniería informática con la lingüistica, trabajan en el desarrollo de un sistema de identificación de plagio a través del análisis de la sinonimia. De esta manera se ha diseñado un programa capaz de detectar plagios a través de un análisis múltiple de técnicas en función de los parecidos que tienen las palabras. También en el ámbito de la educación en lengua materna la sinonimia se utiliza como base para el diseño de metodología en las enseñanza de prácticas de alfabetización tal como se expone en Rodriguez (2013) que analiza la importancia de la explicitación de las relaciones semánticas en los procesos de aprendizaje de una lengua. Enunciados similares también se emplean para situaciones de aprendizaje de una segunda lengua como analiza Vega

(2013) quien concluye que constantemente se utilizan procesos de sinonimia interlingüística a la hora de tratar de realizar producciones en una segunda lengüa y las consencuencias que esto tiene en el aprendizaje. Incluso se pueden ver aplicaciones de la sinonimia en la criminalística. En ella los grafólogos realizan un análisis de contenido de vocabulario en la que la sinonimia ha empezado a ser un factor importante en los últimos años tal como lo señala Jesús García (2014).

Es interesante como la aplicación del concepto en trabajos no implica necesariamente un profundo debate epistemológico en torno al término y su posibilidad de ser. El hecho de que la sinonimia en sus términos más simples pueda ser aplicada con éxito en diversas situaciones y con distintos fines parece indicar que la definición simple e intuitiva de sinonimia está bastante cerca de lo que realmente es el concepto. Curioso por que a veces pareciera que es una discusión terminológica si tomamos en cuenta que la gente habla, se comunica y lo hace de manera con la suficiente efectividad como para que la sociedad funcione. Sin ir más lejos el lector notará que lo que en lingüistica se llama sinonimia, en el apartado de filosofía se tendera más a hablar de la igualdad o identidad y en el apartado de psicología cognitiva de distancia semántica. Sobre el problema de la definición y su utilidad hablaré en la tercer parte de este capítulo pero realizo esta aclaración a fines de que el lector no crea que se habla de temas diferentes. El debate mismo modela el concepto pero no hay que olvidar que todo debate fructífero siempre deberá ser hecho en base a la observación de lo que sucede.

1.2.3 La sinonimia en la filosofía del siglo XX

El análisis de la cuestión de la sinonimia en filosofía que a continuación se realizará no es de mi autoría plena sino que está basado en el análisis del Doctor en Filosofía Santiago Fernández Laza (2001). Con él coincido en la mayoría de sus enunciados (cuando no es así lo hago notar de manera explícita) y pareciéndome poco honesto hacer una parafrasis discreta prefiero dar el crédito completo. Lo que aparezca en cursiva es comentario mío

Históricamente, uno de los primeros intentos explícitos de definición de la sinonimia en el marco de la lógica y la filosofía del siglo XX es el proporcionado por K. Ajdukiewicz en la década de los treinta, utilizado como paso intermedio para llegar a una definición de significado (*vemos como una constante en los filósofos de este siglo el interés por el significado, en este contexto la relación de sinonimia o identidad suele estar acompañada de una concepción formal e intraconceptual del problema, rara vez se acude a lo social para hallar respuestas)* . Mediante el uso de conceptos cuya definición no entra dentro del alcance de este trabajo, establece una compleja definición de sinonimia y concibe el significado de una expresión como la propiedad común a todos sus sinónimos. La propuesta es llamativa debido a que las caracterizaciones más populares definen la sinonimia en términos de significado y no el significado en términos de sinonimia. Ciertamente, no es sencillo tener un listado de todos los sinónimos de una expresión, sin embargo, un diccionario de sinónimos proporciona un considerable número de ellos (*sobre el uso del diccionario de sinónimos y el problema teórico que implica hablaré más adelante).*

Carnap es uno de los más claros ejemplos del tratamiento de la sinonimia con el uso de estrategias propias de los lengüajes formales (*son lengüajes formales, por ejemplo, la lógica y la matemática).* Éste trata de elaborar un modelo para analizar el significado de las expresiones del lenguaje. Con este fin, construye un lengüaje formal donde tanto la extensión como la intensión son interpretadas en términos de conceptos fácticos y lógicos. La extensión de un predicado es la clase de objetos a los que éste se refiere y la intensión es la propiedad que predica. Dos predicados son equivalentes si tienen la misma extensión y lógicamente equivalentes (L-equivalentes) si tienen la misma intensión. Podría entenderse que dos expresiones simples son sinónimas si tienen la misma intensión, con lo cual, para este tipo de expresiones, la sinonimia coincide con la L-equivalencia. Sin embargo, lo que interesa a Carnap es la sinonimia entre expresiones complejas, ya que el hecho de que éstas sean L-equivalentes no significa que sean sinónimas. Si lo fuesen habría que considerar sinónimas a todas las verdades lógicas; para evitar esto, concibe la sinonimia como isomorfismo intensional. Dos expresiones son intensionalmente isomórficas si son L-equivalentes tomadas como un todo y también lo son respectivamente cada uno de sus componentes simples, para lo cual, la estructura de ambas expresiones debe ser la misma. Por ejemplo, sean las expresiones "2 + 5" y "II sum V" pertenecientes a un lenguaje S. Suponiendo que en las reglas semánticas de S se indique que "+" y "sum" son functores para la misma función aritmética, con lo que ambos serían Lequivalentes, y que los signos correspondientes a expresiones numéricas tienen el significado que usualmente se les da, con lo que "2" y "II" serían L-equivalentes, así como también "5" y "V". Entonces se podría decir que "2 + 5" y "II sum V" son intensionalmente isomórficas o que tienen la misma estructura intensional, algo que no se podría decir de las expresiones "2 + 5" y "7", que a pesar de ser L-equivalentes, no tienen la misma estructura (*En este aspecto Carnap se alinea con las ideas que vimos sobre verdad formal como base para la definición del significado de Frege y Russel. Como se ve hasta ahora no hay ninguna referencia al significado fuera del sistema de definición mismo de los términos*). El isomorfismo intensional proporciona, según Carnap, una explicación de la sinonimia tal y como es comúnmente entendida. El proceso de construcción de su definición comienza por el establecimiento de una serie de reglas de designación para expresiones primitivas; por ejemplo, H representa a "humano" y m a "Miguel de Cervantes". Mediante reglas de formación se pueden generar oraciones simples como Hm, que es verdadera si Miguel de Cervantes es humano, y complejas como Hm ∨ ~Hm cuyo valor de verdad depende de sus componentes. Utilizando la noción de descripción de estado, introduce una serie de conceptos lógicos como el de equivalencia lógica o el de verdad lógica. Una descripción de estado contiene cada oración atómica del lenguaje o su negación, de tal forma que una oración puede darse o no darse en la descripción de estado. Una oración se dice que es L-verdadera si se da en toda descripción de estado y dos oraciones son L-equivalentes si su equivalencia se da en toda descripción de estado. A partir de aquí Carnap distingue entre extensión e intensión haciendo corresponder la equivalencia a la igualdad de extensión y la L-equivalencia a la igualdad de intensión. Posteriormente define el isomorfismo intensional en términos de L-equivalencia que, como se ha indicado, coinciden para el caso de las expresiones simples. El siguiente ejemplo ilustra la propuesta de Carnap: suponiendo que es un hecho empírico que todos los seres humanos son bípedos implumes y viceversa, algo que se podría expresar formalmente con (x) Hx $\equiv$ BIx, donde H representa a "humano" y BI a "bípedo implume"; esta oración es verdadera ya que se puede sustituir la x por cualquier constante de individuo a, b, ... de tal forma que Ha $\equiv$ BIa, Hb $\equiv$ BIb, ... sean todas verdaderas, lo que hace que H y BI sean equivalentes. Por otra parte, Carnap sostiene que la verdad de la oración (x) Hx ≡ ARx, donde H representa a "humano" y AR a "animal racional", se puede establecer sin hacer referencia a los hechos utilizando las reglas semánticas del sistema formal diseñado por él, esto significa que dicha oración es L-verdadera y por consiguiente H y AR L-equivalentes, es decir, que las expresiones "humano" y "animal racional" significan lo mismo. Carnap proporciona reglas, procedimientos y criterios para reducir expresiones complejas a sus componentes con el fin de evaluarlas y compararlas, haciendo descansar la noción de sinonimia en el concepto de isomorfismo intensional, el cual depende, a su vez del de L-equivalencia y del hecho de que los términos primitivos que contienen dichas expresiones complejas tengan el mismo significado, pero no clarifica cuándo sucede esto último (*Aquí es donde tanto Fernández Laza como yo estamos disconformes con los planteos de Carnap. Se dedica a manipular el significado sin siquiera definirlo en una forma simple y concreta. Uno puede inferir que para él tiene que ver con la correspondencia lenguaje realidad como en los lógicos analizados, pero si es así está incurriendo en el problema de Russel de la identidad en a=a y a=b).* Carnap proporciona un importante análisis formal de la sinonimia, sin embargo, parece centrar su atención en las expresiones de un sistema formal o en ciertas partes del lenguaje natural que involucran conceptos y no en el lenguaje natural como un todo (*acá marca una gran diferencia con los analíticos que buscaban respuesta en el lenguaje natural u ordinario y no en lenguajes ideales*). Esto le lleva a ser estricto con el hecho de que dos expresiones sinónimas deben tener la misma estructura para que se pueda comprobar si sus componentes son L-equivalentes respectivamente. C. I. Lewis también explica la sinonimia en términos de intensión. Parte de cierto análisis del significado en el que se distinguen cuatro modos de significar: la denotación o extensión, la connotación o intensión, la comprensión y la significación. Considera la sinonimia como igualdad de connotación o intensión. La intensión de un término está delimitada, según él, por la definición correcta de dicho término. La caracterización que proporciona de la intensión depende del concepto "... ser nombrable correctamente", del cual, Lewis no porporciona una definición. Esta caracterización se puede expresar del siguiente modo: Si cualquier cosa que es nombrable correctamente por T, es también nombrable correctamente por A1, A2, ..., An y viceversa, entonces este término compuesto o cualquiera de sus sinónimos, especifica la connotación de T. Un término tiene intensión cero si se puede aplicar a cualquier cosa, e intensión universal si su aplicación entraña la aplicación de cualquier otro término; por ejemplo, "esto es un cuadrado redondo" entraña cualquier otra proposición (*incurriendo como muchos en un apoyo en la no definición de ciertos términos para la validación de su teoría, o definiendo de manera puramente formal y autorreferencial lo cual resulta en conceptos con practicamente ningún grado de operatividad en lenguas naturales*). La definición de sinonimia como igualdad de intensión es problemática cuando los términos tienen intensión cero o universal, por eso Lewis utiliza una noción especial para este tipo de casos, a la que llama equivalencia de significado analítico y que define diciendo que dos expresiones son equivalentes en su significado analítico si: 1. Al menos una de ellas es elemental y tienen la misma intensión. 2. Siendo ambas complejas pueden ser analizadas según sus constituyentes de tal forma que: • para todo constituyente de una, existe un constituyente correspondiente en la otra que tiene la misma intensión; • ningún constituyente de ninguna de ambas expresiones tiene extensión cero o universal; • el orden de los constituyentes correspondientes es el mismo en ambas expresiones, o puede ser el mismo cambiando los constituyentes sin que cambie la intensión de la expresión completa. Dos expresiones serán sinónimas para Lewis si tienen la misma intensión y ésta no es cero o universal, o bien, siendo su intensión cero o universal, son equivalentes en su significado analítico. Aunque las nociones de equivalencia de significado analítico e isomorfismo intensional se parecen en buena medida, una de las diferencias es que mientras que la primera sólo se aplica a expresiones con intensión cero o universal, la segunda se aplica a cualquier expresión. Además, para Carnap, el hecho de que dos expresiones fuesen intensionalmente isomórficas, y por lo tanto sinónimas, exigía que ambas tuviesen la misma estructura, condición que para Lewis sólo debe cumplirse en caso de que la intensión de ambas expresiones sea cero o universal. De este modo, Lewis aceptaría como sinónimas las expresiones "cuadrado" y "rectángulo con todos los lados iguales", mientras que Carnap no. A pesar de todo, Lewis incurre en el mismo error que Carnap al no indicar nada sobre cómo saber cuándo dos términos tienen la misma intensión; su caracterización de la intensión de un término sólo indica que viene definida mediante otros términos (*este procedimiento de diseñar conceptos para poder ampliar la conceptualización de un fenómeno aparentemente sencillo será uno de los temas que plantearé en este mismo capítulo*). Aunque Lewis parece definir mejor que Carnap la sinonimia respecto al lenguaje natural por el hecho de dar cuenta de ella para expresiones con distinta estructura, tanto uno como otro adoptan una estrategia formal de análisis y la tratan como sinonimia total (*o identidad matemática*). Dadas las dificultades que acarrea la definición de la sinonimia en términos de intensión, N. Goodman trata de estudiar si la identidad extensional puede proporcionar una definición adecuada de la misma. Dicho brevemente, dos expresiones serían sinónimas para Goodman si se refieren al mismo conjunto de objetos. Sin embargo, esta definición no parece adecuada, ya que hace sinónimos a todos los predicados vacuos, es decir, a todos los predicados que no tienen referencia, como por ejemplo "unicornio" y "centauro". Por este motivo, distingue entre extensión primaria y secundaria, es decir, entre la extensión de la palabra "unicornio" y la extensión de cualquier descripción de un unicornio. De esta forma "unicornio" y "centauro" no serán sinónimos ya que sus extensiones secundarias son distintas. Sólo las palabras que verdaderamente sean sinónimas tendrán extensiones secundarias equivalentes (*vemos nuevamente artificios de definición formal para resolver problemas derivados de diseñar definiciones basadas solo en conceptos y no a partir de la observación de como se conforma el significado*). El problema es que para cualquier par de objetos objetos A y B diferentes, siempre se puede construir una descripción correspondiente a uno de ellos, por ejemplo A, de la forma "un A que no es un B", con lo que parece que ningún par de términos podrán ser sinónimos. Esto lleva a Goodman a considerar que es mejor hablar de parecido de significado y no de sinonimia, algo que se basa en el error de considerarla como sinonimia total. Sin embargo, esta conclusión es más coherente con el punto de vista del lenguaje natural, ya que en la práctica, cuando se dice que dos términos tienen el mismo significado, normalmente se está indicando, según Goodman, que el tipo y el grado de parecido de significado son suficientes para los propósitos del discurso inmediato (en este punto se rectifica). B. Mates recurre a la sinonimia para definir conceptos como la traducción o la interpretación.

Concibe la traducción como la sustitución de una expresión por su sinónima, y la interpretación, como la sustitución de una expresión por un sinónimo más clarificador. Una manera de tratar el problema de definir la sinonimia es proporcionar previamente un criterio de adecuación que toda definición debe satisfacer. La preservación del valor de verdad bajo sustitución parece ser condición necesaria para la sinonimia. Aunque esto no proporciona una definición de sinonimia, puede utilizarse para comprobar la adecuación de cualquier definición de la misma. Si se restringe el análisis a lenguajes extensionales, este criterio no proporciona sinonimia sino sólo equivalencia. A pesar de todo, Mates define la sinonimia en un lenguaje con operadores modales debido a que sólo los sinónimos genuinos podrán ser sustituidos en cualquier oración de dicho lenguaje sin que cambie el valor de verdad de ésta *(y cae en el conflicto de homologar por omisión valor de verdad con referencia o significado)*. El problema es saber si hay expresiones que puedan ser sinónimas de acuerdo con este criterio, ya que resulta dudoso, por ejemplo, que alguien que crea que Luis es almeriense, crea también que Luis es urcitano, ya que no tiene por qué saber que las expresiones "almeriense" y "urcitano" son sinónimas. Sin embargo, lo son, aunque no se pueda sustituir una por otra en la oración "creo que Luis es almeriense".

W. O. Quine podría considerarse como uno de los críticos de las concepciones que analizan los problemas del lenguaje natural con métodos de los lenguajes formales. Sus ideas están a medio camino entre éstas y las que se centran en el uso para estudiar cuestiones del lenguaje natural. En esta breve exposición, Quine servirá de puente entre unas y otras. Consciente de los problemas que conlleva el análisis del significado, indica que podría ser preferible prescindir de esta noción ya que es de escasa utilidad si se concibe, en su sentido habitual o clásico, como una entidad abstracta (*es el puntapié de este autor para internarse en las corrientes más pragmáticas en relación al lenguaje, encontrando que hablar de significado tiene sentido si es en algún tipo de uso que permita precisar el concepto*). A pesar de esto, no pasará por alto los estudios propios de lo que él llama "teoría de la significación" cuyo objeto es la sinonimia de las expresiones lingüísticas y la analiticidad de los enunciados. En este sentido Quine pretende mostrar que hay una dependencia mutua entre la sinonimia y la analiticidad a la hora de definir esta última. Un enunciado es analítico si y sólo si, o bien es una verdad lógica, o bien es transformable en una verdad lógica sustituyendo algunas expresiones por sus sinónimas. Quine denomina sinonimia cognitiva a este tipo de sinonimia que permite convertir un enunciado analítico en una verdad lógica, y lo ejemplifica con el enunciado "ningún soltero está casado", que es analítico al poder convertirse en una verdad lógica sustituyendo "soltero" por su sinónimo (cognitivo) "hombre no casado". Esta definición de analiticidad no está exenta de problemas, algunos de ellos, surgidos de los intentos de definición de la sinonimia que el propio Quine analiza. Comienza considerando que dos expresiones son sinónimas por definición, pero esto no es satisfactorio debido a que, o bien está sometido a la arbitrariedad del que realizó la definición, o bien depende del uso lingüístico reflejado, por ejemplo, en un diccionario; lo que equivaldría a considerar que dos expresiones son sinónimas si son utilizadas como sinónimas, algo que, para Quine, no debería ser admisible como definición de sinonimia (*por que si bien reconoce que no se puede hacer descansar el significado de un concepto solo en una forma, no llega al punto de creer que el significado y los significados sean una cuestión meramente arbitraria en las lenguas naturales*) . A continuación analiza los problemas de considerar la sinonimia como intercambiabilidad salva veritate en todos los contextos. Sin embargo, según él esta definición tampoco es adecuada por varios motivos: 1. La sustitución de la palabra "soltero" por "hombre no casado" en la oración "'soltero' tiene menos de diez letras" no conserva el valor de verdad de la misma, por tanto, no es cierto que los sinónimos sean intercambiables en todos los contextos salva veritate. Esta objeción se desvanece si la intercambiabilidad no se aplica a partes de palabras y se considera 'soltero' como una palabra entera incluidas las comillas (*apela al mismo procedimiento que Russel utiliza para establecer cual es la denotación de una frase cuando uno de sus componente está entre comillas indicando que debe ser tomada como referente de si misma*). La intercambiabilidad no proporciona sinonimia cognitiva, incluso aunque se restrinja el análisis a lenguajes extensionales, es decir, a aquellos en los que se cumple que si dos predicados coinciden extensionalmente, son intercambiables salva veritate. El hecho de que "soltero" y "hombre no casado" sean intercambiables salva veritate en un lenguaje extensional sólo nos garantiza la verdad de la oración "todos y sólo los solteros son hombres no casados", pero no su analiticidad. No tenemos la seguridad de que la coincidencia extensional de "soltero" y "hombre no casado" se deba a su significado y no a circunstancias fácticas, como acontece con "criatura con corazón" y "criatura con riñones". Debido a las dificultades de definir la analiticidad en términos de sinonimia, Quine intenta definir la sinonimia en términos de analiticidad diciendo que dos términos son cognitivamente sinónimos si son intercambiables salva analiticitate y no solamente salva veritate. Pero esto no parece resolver el problema, ya que conduce a pensar que la analiticidad depende de las reglas semánticas de un lenguaje y esta dependencia no lleva a una buena explicación de la analiticidad. Otro de sus intentos es definir la sinonimia en términos de verificación. Dos enunciados son sinónimos si y sólo si sus métodos de confirmación o invalidación empírica coinciden. Pero, una vez más, esta definición tampoco parece válida, ya que no está claro en qué consisten tales métodos.

El pensamiento de Quine se caracteriza por la crítica de las nociones de la semántica tradiccional como el significado, la sinonimia, la analiticidad, la extensión etc. que han sido manejadas en las propuestas del apartado anterior. Para llevar a cabo esta crítica establece su tesis de la indeterminación de la traducción, que será presentada a continuación y que pone de manifiesto la proximidad entre el tema de la sinonimia y el de la traducción. Para Quine la noción de significado debe basarse en la conducta observable de los hablantes. Su propuesta se apoya en conceptos procedentes de la psicología conductista. En este sentido, define el significado como el conjunto de estimulaciones asociado a una oración que provoca una disposición a asentir o disentir dicha oración. Esta noción es conocida con el nombre de significado estimulativo y debe comprenderse en el marco de la traducción radical. Para Quine dos expresiones son estimulativamente sinónimas si se da una situación de igualdad de sus correspondientes significados estimulativos (*y aquí cae al parecer sin darse cuenta en los mismos problemas de límites del conductismo. Si se basa en la conducta observable exclusivamente serían sinónimos la luz del sol que nos hace cerrar los ojos y un mosquito que nos golpea y nos hace cerrar los ojos, cosas que evidentemente no son sinónimas desde ningún punto de vista. Además al hablar de significado pretende decir algo de lo que sucede en la mente del sujeto respecto a su manera de significar, alejándose así del conductismo que se interesa exclusivamente por lo totalmente observable*). El problema es que siempre habrá cierta incertidumbre en el mecanismo de referencia, que conduce a lo que Quine llama tesis de la indeterminación de la traducción, que se podría ejemplificar cuando varios lingüistas tratan de realizar distintas traducciones en idiomas diferentes. El resultado sería una serie de diccionarios de traducción compatibles cada uno de ellos con el comportamiento verbal del nativo pero incompatibles entre sí. Esta incompatibilidad se basa en lo que Quine llama tesis de la indeterminación de la referencia, que da cuenta del error en el que cae el lingüista al presuponer que la ontología a la que se refieren las expresiones del nativo es semejante a la que él posee. Al traducir "gavagai" por "conejo" se está presuponiendo que la manera de concebir el mundo que tiene el nativo es semejante a la del lingüista y esto no tiene por qué ser así. Si los significados fuesen entidades abstractas e independientes de cualquier lenguaje tal y como han sido concebidos tradicionalmente, esta indeterminación no podría darse porque todos los términos de cualquier idioma estarían asociados a sus respectivos significados de tal forma que estos proporcionarían el vínculo necesario para su traducción en cualquier otro idioma. Por un lado estarían los significados y por el otro las expresiones de cada idioma, a cada una de éstas le correspondería un significado de tal forma que una expresión A sería la traducción de otra B si a ambas les corresponde el mismo significado. Si las cosas fuesen de esta manera, la sinonimia funcionaría en la práctica como una relación de equivalencia, pero, según Quine, esto no sucede así (*y en esto coincido plenamente puesto que adhiero a la tesis de que el lenguaje construye el significado)*. La conclusión de Quine resulta interesante desde un punto de vista filosófico, pero en la práctica es posible establecer, de una forma razonable, cuándo dos expresiones están siendo utilizadas aproximadamente de la misma forma, y el problema de la traducción, a pesar de ser indeterminado, no lo es hasta el punto de que la traducción resulte imposible. M. G. White también insiste en la necesidad de un estudio empírico del uso lingüístico pero lo hace de un modo relativamente distinto a como lo hacía Quine. Parte de la búsqueda de un sinónimo de la palabra "sinónimo", para lo cual, dice que lo necesario en primer lugar es entender la palabra "sinónimo". Sin embargo, nadie ha propuesto un equivalente extensional que sea más claro que la propia palabra, y no será satisfactorio un criterio de sinonimia mientras no la explique con mayor claridad que el propio término. De todas formas, lo usual ha sido utilizarla para clarificar conceptos como por ejemplo el de "analiticidad". Según White, tal y como está planteado el problema, el enunciado "'todos los hombres son animales racionales' es analítico" es un enunciado empírico ya que para decidir si 'todos los hombres son animales racionales' es analítico tendremos que averiguar si "hombre" es sinónimo de "animal racional" y esto requiere un examen empírico del uso lingüístico. En este caso, parece no consistir en un examen de las estimulaciones asociadas a una oración, sino en un examen sobre si los hablantes de determinada lengua usan ambas expresiones como sinónimas o no. No estamos, por tanto, ante una situación de traducción radical como la descrita por Quine sino ante una situación de sinonimia intralingüística en la que el lingüista y el nativo se pueden entender. White también trata el tema de la ambigüedad de las palabras del lenguaje natural y el lenguaje científico. Dice que una palabra puede tener muchos significados dependiendo del contexto y para analizar el problema recurre a John Stuart Mill, quien admite que un biólogo pueda considerar como sinónimo de "hombre" la expresión "animal mamífiero que tiene dos manos", pero también sostiene que, en el uso común, el sinónimo de "hombre" es "animal racional". Para Mill, el significado de una palabra depende de la situación en la que es utilizada. Según él, éste es un modo de pensar superior al de quien cree que existe un único significado verdadero. Por tanto, una palabra X es sinónima de otra palabra Y en una situación S. White critica a Mill diciendo que relativizar el problema a una situación S no es suficiente; todavía se necesita clarificar mejor cómo establecer la sinonimia en dicha situación.

Uno de los intentos de tratar la sinonimia de forma empírica dentro del lenguaje natural, no desde el marco de la traducción radical quineana, sino desde el punto de vista de cómo usan la sinonimia los hablantes de determinada lengua, se debe a A. Naess, quien, mediante conceptos definidos formalmente, considera la sinonimia como una relación entre los usos de una palabra en un contexto. Utilizando una interpretación intuitiva, su principal objetivo es examinar los distintos factores que intervienen en el análisis y la comparación de expresiones respecto a su sinonimia. Partiendo del análisis de la forma que pueden tomar en el lenguaje natural los enunciados sobre sinonimia y de los factores que influyen en ésta, concluye proponiendo la utilización de procedimientos empíricos basados en el establecimiento de cuestionarios como medios de interpretación de la misma. Estos procedimientos indican que dos expresiones tienen el mismo significado en determinados contextos y para determinados usuarios del lenguaje. Una vez analizada la forma de oraciones del lenguaje natural que expresan sinonimia como "... tiene el mismo significado que ...", "... y ... son sinónimas", etc., Naess considera las características del contexto al que pueden referir dichas oraciones. Esta caracterización le permite establecer la estructura del esquema conceptual de la sinonimia diciendo que la oración (o designación) a es, para la persona pi, en el tipo de situación sj, sinónima de la oración (o designación) b, para la persona pm, en el tipo de situación sn. Naess considera otros conceptos relacionados con la sinonimia. La interpretación es uno de ellos, que caracteriza diciendo que si hay una oración interpretativa como "'a' significa b" entonces hay una oración de la forma "'a' significa lo mismo que 'b'". Dado un conjunto de interpretaciones de una expresión, se llamarán alternativas sinonímicas a las expresiones que representan esas interpretaciones. Una expresión A es una precisión de otra expresión B cuando el conjunto de alternativas sinonímicas de A está incluido en el de B. (*Y hay que reconocerle el mérito a Naess de ser el primero en la lista de los que se han analizado que utiliza la palabra "interpretación" poniéndo en juego el sujeto contextual hablante de un lenguaje natural con todo un conjunto de estados mentales y trayectoria de vida*)

2.1.3 La sinonimia en la psicología cognitiva:

Por otra parte, el concepto de distancia semántica fue acuñado por Smith, Shobben y Rips (1976), y ha recibido diferentes definiciones, que repasaremos brevemente a continuación. Distintas definiciones darán como resultado distintos modelos de comprensión de la distancia entre dos o más palabras.

En una red semántica clásica (Collins y Loftus, 1975) dos conceptos se hallan semánticamente relacionados si se encuentran juntos próximos en la red. Podemos medir la "proximidad" como la distancia literal entre ambos, esto es la longitud del camino que ambos comparten. El modelo se presenta adecuado para abordar el problema planteado.

En el modelo de Clave Compuesta de Ratcliff y McKoon (1988), la distancia semántica se explica por la probabilidad con que dos palabras coexistan relacionadas más frecuentemente que palabras no relacionadas. Esta circunstancia explica la existencia del efecto de priming significativo para relaciones asociativas no necesariamente semánticas. Este proceso es, sin embargo, transparente cuando se solicita a las personas que estimen la proximidad semántica entre dos términos relacionados semánticamente por relaciones de distinta naturaleza y con diferente peso en su asociación. Los modelos Conexionistas Distribuidos (Plaut, 1997; McRae y Boisvert, 1988) proponen que los conceptos relacionados presentan un patrón de activación similar. Si bien el método de comparación de distancias aquí propuesto, no se muestra, en principio, incompatible con este modelo, sugerimos que la mensura de la distancia semántica dentro de esta perspectiva probablemente encuentre un instrumento adecuado y coherente para su ejecución, por medio de la utilización de los algoritmos Self-Organizing Map (SOM), introducidos por T. Kohonen (1988, 1997).

Los modelos basados en la co-ocurrencia de ítems lexicales (Lund, Burgess y Atchley, 1995; Burgess y Lund, 2000), se basan en la coexistencia de términos lexicales en un corpus de texto. La distancia semántica, en este caso, se calcula de acuerdo a la similitud entre los vectores semánticos calculados para cada término. Este modelo está orientado a obtener la organización semántica de grandes corpus de términos lexicales y facilitan el reconocimiento de lo que tienen en común ciertas comunidades. Poco nos aportan sobre la organización particular de la memoria semántica de una comunidad lingüística particular. Más recientemente,

Maki, McKinley y Thompson (2004), han generado una monumental base de datos a partir de Word Reference que contiene actualmente cerca de 50.000 pares de palabras y que contiene los valores para la distancia semántica, fuerza asociativa, y la similitud sobre la base de co-ocurrencia. A su vez la validez de estos estudios se asientan en trabajos experimentales que aportan a la formación de bases de datos a partir de experimentos tales como los de Gonzalo, Verdejo y Chugur *Using EuroWordNet in a ConceptBased Approach to Cross-Language Text Retrieval* (1999)

Ahora bien, cuando una persona estima la similitud semántica entre dos o más ideas puede establecer entre ellas diferentes tipos de relaciones semánticas. Su proximidad puede estar dada porque ambos conceptos presentan una relación inferencial entre sí, de modo que evocar un concepto supone la propagación de la activación hacia otro concepto con el que se halla vinculado lógicamente. Pero también ambos conceptos pueden compartir numerosos atributos por medio de los cuales se establezcan relaciones no necesariamente lógicas. Las semejanzas en los atributos compartidos entre dos conceptos pueden promover el establecimiento de relaciones analógicas - identificaciones por el predicado - que se hallan facilitadas por la presencia de activación en las etiquetas respectivas.

Del mismo modo y tal como lo han señalado algunos estudios sobre relaciones semánticas (Bejar, Chaffin y Embretson, 1991; Mayor y López, 1995) distintos procesos cognitivos permiten elicitar relaciones parte-todo, contraste, causa-propósito, etc. De hecho, estos estudios recuperan trabajos que proponen taxonomías de, al menos, trece sistemas de clasificación diferentes, que varían, en el marco de la teoría de la propagación de la activación, del control ejecutivo que la persona pueda ejercer cuando produce un prime de la red semántica.

Es en esta línea que yo mismo he trabajado la sinonimia en relación con la psicología cognitiva y la teoría de rasgos (Zapico Vivas, 2014) y también con la TNC mencionada anteriormente explorando las posibilidades explicativas que tiene respecto al fenómeno de la sinonimia (Zapico 2013; Zapico 2014). En estos trabajos se sostiene la tesis de que la sinonimia es un fenómeno gradual susceptible de ser medido y entendido si se lo observa como un caso particular de la distancia semántica en vez de como un fenómeno particular o relacionado con otros como la antonimia.

2.2 Los problemas en torno a la sinonimia

Ya hemos revisado gran cantidad de autores y teorías que tratan el tema de la sinonimia y a su vez el del significado. Ahora es momento de hacer algo con todas esas ideas para realizar un aporte al campo del estudio de la sinonimia.

Algo que seguramente ha notado el lector es que más allá de agrupar las posturas por escuelas o trabajar el tema por autores, parece haber un caos inherente a la temática misma que se demuestra en la gran cantidad de teóricos que abordan el tema y las diversas formas que utilizan. Repetir que dice cada autor sería infructífero así que como primer paso he decidido hablar de los problemas en torno a la sinonimia y como cada una de las perspectivas enfrenta distintas problemáticas a partir de sus supuestos. Es decir es evidente que para la comunicación el problema de la forma y sus relaciones de verdad no es para nada pertinente y por ende buscar responder a asuntos de comunicación con lógica es, al menos, inconsistente teóricamente por no decir una perdida de tiempo. Lo mismo aplica para la lógica formal. Tratar de dar solución a los problemas que plantea entorno al significado simplemente diciendo que busquen respuestas en la situación comunicativa no sirve para nada. No es cuestión de integrar, sino de aclarar.

Lo que se buscará además de nombrarlas es tratar de discernir si dichas problemáticas son realmente tales o si son consecuencia de determinados supuestos que se utilizan para el tratamiento del problema. Se tratará además de dar una respuesta a las problemáticas desde mi perspectiva integrada y gradual de la sinonimia, así como desde el análisis del material ya expuesto.

2.2.1 Los problemas de la lingüística y la comunicación

La lingüística en sus diversas formas se relaciona de manera directa con la comunicación, en tanto se realiza un tratamiento del significado que está siendo utilizado. Hay que partir del hecho observable de que la gente se comunica y lo hace lo suficientemente bien como para que el desarrollo social sea fluido e ininterrumpido. No es un dato menor este ya que muchos escritos de comunicación que implican significado esgrimen argumentos en torno a las dificultades en la comunicación, y si bien esto es algo innegable siempre debe ser matizado para no caer en inconsistencias entre teoría y práctica.

La comunicación para la sinonimia plantea de manera casi inmediata un gran problema. Y aunque aún no hay mención de dicho problema en los textos no es un impedimento para plantearlo y reflexionar sobre él. ¿La sinonimia es intersubjetiva o intrasubjetiva? Que dos palabras o expresiones sean sinónimos ¿tiene que ver con el léxico particular de cada sujeto o es un fenómeno que se da en la intersubjetividad de la comunicación? Poniendo un ejemplo sencillo ¿minino es sinónimo de gato para toda la comunidad hablante de, por ejemplo, el castellano rioplatense? Si vamos a ser estrictos es evidente que no, por que bastará encontrar un sujeto que no lo considere así para que la hipótesis caiga. Pero a su vez no es despreciable que en una comunidad dos palabras puedan ser utilizadas de manera intercambiable en un mismo contexto comunicativo y no cambie el significado de aquello que se quiere comunicar.

Si bien tomar una postura es difícil creo que la explicación más satisfactoria sería que es un fenómeno intrasubjetivo pero con el aditamento de que la experiencia social compartida de los sujetos puede llevar a conformaciones lexicales similares. Es decir, las palabras tienen significados completamente únicos para los sujetos (dado que no puede haber coincidencia absoluta en lo que dos personas signifiquen para un mismo término, esto es debido a que el significado de una palabra tiene que ver no solo con la lengua como idioma sino con la experiencia de vida anterior y la infinidad de factores emocionales-sociales-culturales-cognitivos presentes así como las expectativas futuras) pero esto es una cuestión extensiva. Tener una gran cantidad de significados asociados para un término no quita que algunos de ellos coincidan con los de otro sujeto y se establezca una sinonimia en calidad de solo aquellos significados y no todos.

Una implicación interesante del planteo anterior sería la pregunta ¿Qué sucede si se amplia el léxico? ¿La sinonimia tiende a desaparecer por que los sujetos encuentran matices más finos y precisos para diferenciar términos que antes no eran diferentes? La respuesta, por más que suene gracioso, es que si y no. Si debido a que si las palabras tienden a diferenciarse el significado empieza a ser diferente y por ende la sinonimia a bajar gradualmente (intrasubjetivo). Pero a la vez se mantiene constante en la comunicación dado que añadir matices de significados a una palabra no elimina los significados anteriores (el apoyo experimental de estas ideas puede verse en Zapico y Vivas, 2014) y en la comunicación cuando hay entendimiento es por que hay, precisamente, significados compartidos. Nótese que intencionalmente hablo de significados y no de significado. Reducir a un enunciado el significado de una palabra parece poco práctico a efectos de entender la comunicación y la utilización del lenguaje en la vida cotidiana. Además hay que tener presente que estamos hablando siempre en términos de la comunicación misma, sin acudir por ejemplo a cuestiones formales de la lógica. Tratar de entender el tema en términos aunque sea parecidos a los que se plantea contribuye a la mayor claridad del asunto.

A partir de todo lo escrito surge también la pregunta ¿Cual es la génesis de la sinonimia? ¿Cómo es que dos palabras llevan a tener dos significados similares o iguales si afirmamos que a medida que incrementa el léxico disminuye la sinonimia? ¿Simplemente incorporamos formas diferentes de decir lo mismo con matices? Cuando realice mi estudio sobre la sinonimia observé algo muy llamativo: puntares del orden de 0.9 para arriba (es decir prácticamente identidad total, casi imposible de concebir) se daban en pares de conceptos que describían emociones. Casos como alegría-felicidad, odio-rencor, miedo-temor, ira-enojo y otros pares que se relacionan con el campo semántico de las emociones. Esto reveló un dato bastante interesante sobre la comunidad lingüística analizada (jóvenes de 18 a 30 años, universitarios, tanto hombres como mujeres) y es la poca capacidad que se tiene para hablar de lo que uno siente o lo que a uno le pasa. Más allá de las especulaciones psicológicas que se puedan enunciar con eso lo llamativo es que la sinonimia parece aparecer (confirmando también de manera correlacional la respuesta a la pregunta anterior) donde hay menor léxico.

Esto me lleva a plantear mi hipótesis de la indiferenciación conceptual. Que sostiene que los significados de dos palabras o expresiones tenderán a ser sinónimas en los casos en que las categorías generales a las cuales pertenecen dispongan de un menor repertorio léxico. Esto se condice con otra parte de los resultados obtenidos en mi estudio donde había, por ejemplo, menos distancia semántica entre alegría y euforia que entre vaso y copa. Hay que especificar que al hablar de tendencia me refiero a eso, una tendencia, no puedo afirmar que hay efectivamente más cantidad de sinónimos en las categorías de baja disponibilidad léxico por que a su vez hay menos palabras que pertenecen a dicha categorías y menos probabilidad de que establezcan relaciones. Lo que seguramente hay es una mayor proporción de palabras sinónimas.

Otro enunciado que también considero importante en mi hipótesis es que aunque los sujetos a lo largo de su vida adquieran más vocabulario general, los pares de palabras sinónimas (en categorías de poco léxico) no tenderán a diferenciarse a menos que haya una voluntad del sujeto de re-significar dicho par de palabras. Esto lo puede comprobar el propio lector haciendo la prueba: es más sencillo suponer que dos palabras que utilizamos como sinónimas son sinónimas que ponerse a buscar matices específicos fundamentados en el uso o cuestiones conceptuales.

Para cerrar el tema hay quiero dejar en claro que desde mi punto de vista la sinonimia es una relación de identidad o casi identidad entre palabras o expresiones;

de carácter intrasubjetivo; e inherente a la lengua y su uso, sea privado o público. Es decir, la sinonimia se da entre palabras pero está apoyada en significados. No hay sinonimia entre significados ni referentes ni sentidos, sino entre palabras.

2.2.2 Problemas filosóficos en términos de la lengua

Empezaré esta parte cuestionando la última afirmación del apartado anterior. Uno de los temas que parece problematizar mucho a los filósofos de la lengua o lingüistas, siempre en términos de lenguaje, es definir estrictamente la sinonimia y restringir la aplicación del término.

Encontramos que al hablar de sinonimia autores como Quine, White o Carnap tenían problemas para defender con claridad sus hipótesis (o al menos un observador puede hacer críticas bien fundamentadas) a partir de la falta de claridad con el cual utilizaban conceptos como sinonimia, significado, denotar, referencia, entre otros. Hablando de sinonimia la pregunta fundamental resulta del siguiente razonamiento.

Hay comunicación (ya analizamos la sinonimia en términos de comunicación) y en ella se observa que hay sinonimia. Entonces: ¿La sinonimia es una propiedad de los sujetos que se comunican, de las palabras que utilizan, de los significados de las palabras, de las denotaciones, de las referencias? ¿Donde está/sucede/se ve la sinonimia, una vez definida? ¿Y puede responderse esa pregunta sin especificar una definición de sinonimia y esperar que cualquier definición más o menos coherente sea coherente a la vez con esa observación? Si no es así y resulta que el lugar de la sinonimia se desprende de manera directa de la definición ¿Tiene sentido discutir tanto la sinonimia? ¿No sería mejor hacer esfuerzos en discutir los supuestos que le dan origen en cada caso y marcan su definición?

Trataremos de dar una respuesta de manera ordenada y secuenciada.

Indudablemente la sinonimia no es una propiedad de los sujetos, dado que (además del sentido común) nunca he escuchado a ningún autor decir que la sinonimia es una relación entre sujetos hablantes. No obstante hay que recordar que la sinonimia requiere un sujeto que este utilizando el lenguaje para que pueda hablarse de sinonimia. Hablar de sinonimia de manera descontextualizada supone caer en el problema del diccionario en la definición del término.

Para empezar este idea volvamos a la definición que se da en el *Diccionario de la Real Academia Española*. Sinónimo: "Dicho de un vocablo o de una expresión: Que tiene una misma o muy parecida significación que otro". Una observación que salta inmediatamente a partir de la proposición anterior es que se da por sentado la existencia de conjuntos de palabras sinónimas. Además, la definición es de una vaguedad bastante grande, puesto que no se especifica que es "misma" o "muy parecida" significación.

No obstante, la crítica más pronunciada que se puede hacer a los diccionarios y diccionarios de sinónimos (no solo el de la RAE, sino otros como Word Reference o WordNet) es que descontextualizan los significados. Es decir, se ofrece una definición en abstracto. No parecería demasiado grave (al contrario, el deber de un diccionario es precisamente otorgar una definición estable) que suceda así; pero cambia el panorama si una gran cantidad de trabajos respecto a la sinonimia se ven fundamentados en el análisis de corpus extraídos de estos diccionarios. Incluso llegando a existir diccionarios de corpus que si trabajan con el contexto de uso, siguen cayendo en el problema de abstraer el uso y generalizar. Ya sea que la conclusión esté a favor o en contra de la sinonimia, no resulta pertinente comparar significados de diccionarios para establecer el fenómeno. ¿Por qué? Por que al ampliar el abanico a dos palabras, se está produciendo una doble descontextualización, puesto que la mayoría de los trabajos que admiten la existencia de la sinonimia refieren a la posibilidad de intercambiar significados en todo contexto (Cito a Salvador por ser considerado el máximo exponente de la postura a favor), dan por hecho que no hay sinonimia en abstracto, sino que es posible en tanto haya un contexto comunicativo en el cual se desarrolle.

Recordemos la idea central que hace de sostén a la propuesta de Halliday (1979) en "El lenguaje como semiótica social". Hablar de lenguaje es sinónimo de hablar de "lo social", puesto que no se podría concebir en este sino es en algún contexto de transmisión de significados. Y si hay transmisión de significados es por que hay al menos dos sujetos que están interviniendo, y cada uno de los sujetos hace un uso particular de ese lenguaje.

Esta breve referencia a Halliday viene al caso en tanto se espera reforzar la crítica anteriormente planteada a partir de que el significado de una palabra (entre otras cosas) siempre estará fijado por el contexto en el cual se pronuncie. En la activación de un sinónimo u otro interviene el condicionamiento semántico. Eso se puede mostrar con las redes relacionales. Es cierto e indudable que hay significados más o menos fijos que de alguna manera son independientes del contexto en que se digan, pero el error está en extender este razonamiento al plano de la comparación de significados. Se mencionó el contexto, y también se debe tener en cuenta los hablantes intervinientes en el uso del lenguaje. No tanto en el sentido de roles que propone Halliday, sino pensando en que si a muchas personas se les pide definir una palabra, habrá tantas definiciones de ésta como personas que definan.

Volviendo al planteo principal y retomando las preguntas, parece obvio que la sinonimia es una propiedad que relaciona dos palabras. Ahora ¿Qué de las palabras exactamente? ¿Referente, sentido, significado del diccionario, significado personal? Creo que algo que se puede afirmar de inmediato es que si dos palabras o expresiones tienen exactamente el mismo referente son sinónimas. El problema que trae generalizar esta afirmación es que en la comunicación no aporta nada al entendimiento de los problemas que puede suscitar, es decir es verdadero pero solo en un nivel descriptivo. Y ojo, por que no deja de ser una sinonimia supeditada a un uso específico de ese momento que no puede extenderse a una regla más general. Por eso prefiero decir que la sinonimia no podría explicarse o verse en la referencia. Del significado del diccionario ya me he expedido por lo tanto pasaré a hablar de los problemas que traería afirmar la sinonimia en calidad del sentido. El problema con decir que dos frases o palabras con el mismo sentido son sinónimas es que de nuevo ata la sinonimia a una situación comunicativa parcial y de ser así no podría haber un valor constante entre las relaciones de sinonimia de palabras que indudablemente lo son como alegría-felicidad. Al hablar de sentido nos referimos a "lo que se quiere decir", y si bien dos expresiones que compartan sentido "querrán decir lo mismo" pasa a estar atado a las nociones de contexto: sujeto que enuncia, sujeto que interpreta, espacio, tiempo. Pero no en un sentido positivo, sino negativo por que quita la posibilidad a la sinonimia de trascender el momento de comunicación.

El problema de ceder ante lo obvio, es decir que la sinonimia se da entre significados, puede establecerse a partir de que los significados (si despojamos a la palabra de referente, sentido y contexto) se nos presentan como representaciones que obtenemos del medio a través de nuestros sistemas sensoriales. Esos estímulos del medio son procesados y tenemos perceptos. Muchos se ha escrito sobre la imposibilidad de lograr la igualdad entre la recepción de estímulos entre sujetos lo cual derrumba la posibilidad de que la sinonimia esté dada por el significado.

¿Qué queda, entonces? Lo mismo que he dicho arriba. Que la sinonimia existe entre las palabras simplemente. Si es cierto que la relación está sustentada en características del significado y en la referencia y sentido pero que sean los definidores de la palabra no garantizan que sean los constituyentes de la misma. Una palabra no es un significado, sino que se le atribuye significado. La relación de sinonimia desde esta perspectiva no es una relación semántica como la antonimia o la hiperonimia, no trabaja en el significado sino en la palabra misma. Compartir significados posibilita la sinonimia, pero no la explica como relación.

2.2.3 Problemas de lógica formal

Hablar de sinonimia en términos de lógica implica que nos alejemos en gran medida de lo que venimos problematizando en los dos apartados previos. A la lógica no le interesa el contexto, y no va a problematizar la definición de sus conceptos, sino que operará con ellos a través de leyes axiomáticas para tratar de establecer relaciones de correspondencia entre forma y mundo.

Es decir, los problemas que atañen a la lógica y la sinonimia surgen a partir de tratar de explicar la sinonimia en términos de sistemas formales, y a su vez, a partir de la validación de la forma, obtener la validación de la sinonimia y su correspondiente relación de verdad con lo observable. En este campo ya hemos analizado las ideas de Frege, Russel, Wittgenstein, White, Quine, Ajdukiewicz y Lewis. Todos, en mayor o menor medida, trabajan con las ideas que acabamos de mencionar.

El primer problema que surge entre estos autores es el de la identidad. Ante todo la identidad es un término propio de la lógica y se define con la forma a=a. Esta es una verdad formal es decir que a=a es verdadero en función de su forma. Lo interesante en su relación con la lingüística y el objetivo de muchos filósofos que se interesaron en la lógica consistía en tratar de encontrar o develar una relación entre la verdad formal de la lógica y el uso de lenguaje como sistema también formal. Su pensamiento se basaba en un razonamiento más o menos así: la lógica es un sistema formal de axiomas creado por el hombre. Como tal, la validez de sus enunciados y procedimientos está garantizada de antemano por las reglas propias del sistema. Esto es lo que sucede precisamente en la matemática. Y así como la matemática el lenguaje funciona por principios bastante similares: un conjunto de símbolos que funcionan a partir de su ínter-relación creado por el hombre. Dado que ambos son muy parecidos no es tan disparatado tratar de encontrar regularidades entre ambos ya sea por su funcionamiento o por su relación con la verdad. Además, los pensadores analíticos tienen el supuesto de que el mundo está delimitado por el lenguaje, el lenguaje y pensamiento son indisociables y por ende si el lenguaje puede ser descripto en términos formales el mundo también. Nos hallamos ante una coincidencia perfecta.

Una primera objeción muy intuitiva es que no parece

muy acertado homologar la verdad formal (aquella que se desprende de la sintaxis de un enunciado) con verdad de hecho (la relación de un enunciado con la realidad). Muchos de los autores mencionados no lo explicitan pero por su manera de analizar parece que confían en que pueden deducir valores de verdad de hecho a partir de la forma.

Empecemos a analizar con más detalle la identidad. $a=a$ corresponde a frases del tipo "el gato es el gato". Es verdadero indudablemente, aquí se puede observar una relación entre el enunciado, la verdad formal y la verdad de hecho. Pasemos a enunciados más complejos como aquellos del tipo $a=b$. Aquí el asunto se vuelve tremendamente complejo ya que si buscamos llenar esta forma con algún enunciado que cumpla las condiciones, por ejemplo "un gato es un animal", resulta que la forma de comprobar esto como una identidad se vuelve imposible. Es decir, es verdadero como verdad formal que un gato es un animal y también es verdadero como verdad de hecho que un gato es un animal. La noción de identidad implica una igualdad absoluta, por lo tanto para hablar de verdad de hecho en sentido estricto deberíamos encontrar que todos los animales son gatos y resulta que no lo son (independientemente de que todos los gatos son animales). No se cumplen los requisitos necesarios para encontrar una correspondencia entre el enunciado y la realidad. Y por más que busquemos y busquemos no encontraremos enunciados que satisfagan esta condición puesto que para que fuera así deberíamos hallar una coincidencia material absoluta, lo que nos llevaría a la forma a=a y no habría diferencia entre a y b, siendo imposible a=b.

Parece que de alguna manera hemos puesto en evidencia la inconsistencia ante la que se encuentran muchos autores cuando buscan poner en relación elementos de la lógica formal con el significado de las lenguas naturales y su particular relación con la realidad. Pero trataremos de ir más allá con este asunto.

Pareciera que pese a las objeciones que acabamos de realizar, no sería alterada ni cuestionada la noción de verdad de forma en los enunciados a=b para "un gato es un animal". Pensemos un poco más y volvamos a la base. Este tipo de verdad formal se basa en términos de lógica y en una identidad si aplicamos el procedimiento de negación ambos términos se mantienen intactos por que a ambos se les aplica el mismo procedimiento. En frases del tipo a=a resultaría que "un no gato es un no gato" y evidentemente es verdadero por que no hay ningún elemento en el mundo que no tenga las propiedades de un gato que sea un gato. ¿Pero que pasa con las formas del tipo a=b? ¿Resulta verdadero que -a=-b? "Un no gato es un no animal" y el enunciado se cae a pedazos pues está lleno de no gatos que son animales (aunque es cierto que no hay no animales que sean gatos). Nótese que aquí el enunciado se cae por su propia forma más allá de que hayamos ido a la realidad para contrastar.

Bueno, pero la lógica como sistema no está mal. Su propia forma le garantiza la verdad formal. Salta a la vista que el problema está en el tratamiento que se hace de la forma y su caprichoso intento de relación con la noción de significado lingüístico que es muy diferente al significado que deviene de procesos lógicos de transformación, sustitución, etc. Quizá el error en estos planteos viene por el lado de no considerar al significado como independiente de la forma. Lo que propondré a continuación no es más que una sugerencia formal que le da cierto grado de funcionalidad a la identidad permitiendo explicar los casos en que se igualan elementos que por si mismos son diferentes, tales como a=b.

Pensémoslo finamente, si a=b, por que b no se re-escribe siempre como a? Si a=b tiene alguna razón de ser necesariamente será por otro elemento, un tercero, c. Sugiero la siguiente expresión que luego desarrollaré. A=B en C↔[(A ^ B)]Є C (se lee "A es igual a B en calidad de C si y solo si A y B están incluidos en C) Al usar notación de teoría de conjuntos doy a implicar la hipótesis de que la sinonimia está determinada de alguna manera por significados, no por significado, y estos pueden como no estar incluidos en una palabra. Esta tesis es coherente con las ideas de sinonimia esbozadas en los dos apartados anteriores, y buscan ampliar su efectividad al terreno de la lógica.

Vayamos a un ejemplo concreto, el mismo que trabajos ya. "Un gato (A)es un animal (B) en calidad de ser vivo(C) si y solo si un gato es un ser vivo y un animal es un ser vivo" Efectivamente acá se soluciona el problema de no poder verificar la verdad formal por incongruencias con la realidad. Esta mínima corrección y sugerencia puede ser calificada de arbitraria pero la lógica en su conjunto es así, y el mío no es sino un intento de representar la sinonimia en términos de significados compartidos, con la idea de que la sinonimia es entre palabras (verdad de forma) pero basada en significados (verdad de hecho).

Dicho esto me atrevo a suponer que muchos de los

problemas de las teorías que buscan aplicar lógica simbólica al lenguaje es no tener en cuenta una diferencia fundamental entre la matemática y el lenguaje: la autarquía en la referencia de la matemática y la dependencia constitutiva del mundo real del lenguaje. Cerraré este capítulo con un breve ensayo sobre esta relación entre lenguaje y matemática a partir de una pequeña experiencia que realice con enunciados que confunden precisamente la realidad de la realidad con la realidad que la matemática a veces parece determinar.

2.3 Breve ensayo: palabras de apertura

Aunque breve, este ensayo se propone dejar en claro algunas de las relaciones que la matemática como lenguaje establece con la realidad como interpretación subjetiva de lo real. Se motiva en el aparente desinterés que los estudiosos de la comunicación en general (así como áreas afines) han tenido para con la matemática como lenguaje que se emplea cotidianamente. El análisis de esta a la luz de una teoría general de los lenguajes arrojará luz sobre aspectos interesantes que, día a día, suceden a nuestro alrededor como injerencia de la matemática en nuestra forma de pensar y entender el mundo.

2.3.1 La matemática y su carácter de lenguaje

Todos nos relacionamos con la matemática de una u otra manera. Desde el estudiante de las exactas que encuentra en ella el sistema de símbolos que describe una serie de procesos físicos, químicos, etc... hasta el lector de textos de las ciencias humanas, pasando por todos los intermedios y llegando incluso al trabajador artesano que emplea sistemas de medidas basados en números y escalas o proporciones para el desarrollo de su trabajo. El por qué de esta universalidad de las matemáticas es un aspecto que retomaré más adelante.

Lo principal, ante todo, es observar como la matemática puede ser definida de manera sencilla como un conjunto de símbolos con un sistema de referencia autárquico. Los símbolos, por su carácter arbitrario y generalmente no motivado, siempre tienen como referencia el mismo sistema. Es algo que sucede con las lenguas que conocemos y que utilizamos. No obstante, no hay que confundir la referencia de valor que puede tener un símbolo en un conjunto con la referencia a la realidad que existe entre un símbolo y aquello a lo que refiere.

No somos ingenuos, entendemos que el lenguaje no puede dar cuenta de manera total de la realidad. Hay mares de textos que, con distintos matices, comparten esta idea. Para resumir el argumento fuerte: es imposible que un símbolo tenga una relación de identidad con un elemento no simbólico por que la relación entre lo material y lo simbólico es construida por el hombre. Creer que el lenguaje puede describir la realidad de manera plena implica que el lenguaje es de por si perfecto y acabado, estático, sin incurrir en las consecuencias filosóficas sobre la realidad de dicha implicación.

Aclarado esto tampoco vamos a ser testarudos y no reconocer que la gente se comunica, el lenguaje funciona generalmente muy bien y es la base sobre la cual se construye la sociedad misma y el hombre tanto como ser individual como ser social. Claro está: el lenguaje funciona bien por que hay un acuerdo para que funcione, sin implicar eso que el lenguaje pueda tener una identidad de realidad por ello. Podríase decir que la realidad misma está modelada a través del lenguaje y que por ende no sería erróneo igualar ambos elementos. Error metodológico grave: no se puede describir algo a partir de si mismo por que si algo es igual a si mismo, no es diferente.

Todo esto a cuento de que la característica principal de la matemática y su particularidad es que es, de los sistemas de símbolos conocidos, el único cuyos elementos tienen una referencia absoluta hacia si mismos. Los números, los ángulos, los senos cosenos tangentes, las operaciones del álgebra, solo adquieren sentido cuando se las referencia entre sí. Uno no puede ir al mundo exterior y encontrarse con un número dos, ni con una multiplicación como concepto. Y ante la idea intuitiva de que uno puede observar ángulos o contar objetos, la contraargumentación es se cae en un error de referencias consecuencia de lo internalizada que está la matemática como constitutiva de la cosmovisión.

2.3.2 La matemática y la construcción del mundo

Lo primero que hay que aclarar y hacer notar es que la matemática es como cualquier otro lenguaje: un conjunto de símbolos. Si, es mucho más universal que el español o el inglés, la matemática que empleamos nosotros y la mayor parte del mundo trasciende por mucho los usos lingüísticos en cantidad. Pero vamos a lo importante: si la matemática es un lenguaje, de alguna manera determina la manera en que se piensa y se construye la realidad. Muchos estudios muestran la relación lenguaje-pensamiento-realidad y sus determinaciones mutuas.

Normalmente se olvida que la matemática también es un lenguaje y como tal funciona de la misma manera, dando forma a las interpretaciones que realizamos del mundo. Muchas veces los estudiosos de las exactas quedan fascinados al observar como la matemática parece tener el signo mágico de la proporción y descripción del universo. Parece que la matemática pudiese describir todo y siempre tiene una operación a mano. Encuentra que los números y operaciones diversas y complejas alcanzan para describir los fenómenos de las ciencias naturales.

¡Lógicamente! La matemática siempre va a ser suficiente

para describir la realidad por que no está describiendo la realidad. Lo que hace es describir a través de su sistema los discursos que las ciencias naturales tienen sobre aquello que es la realidad. A su vez, las ciencias naturales construyen sus discursos con supuestos matemáticos y así la matemática siempre tendrá la capacidad como sistema axiomático de describir lo que sea por que ella misma construyó eso que va a describir. No es que ahí en la unión del suelo y la pared hay un ángulo de noventa grados. Es que la matemática elige describir esa intersección como "ángulo de noventa grados" y es algo que tenemos tan internalizado que terminamos confundiendo el lenguaje matemático con la realidad.

Que quede claro, esto de ninguna manera es una crítica a la matemática como sistema (me parece un sistema increíble y seguramente uno de los inventos más importantes del hombre en toda la historia de la humanidad) solo es una puesta en claro de como funciona. Aquí entra el aspecto pedagógico de la matemática. Se nos enseña desde niños a pensar en términos de matemática incluso antes de aprenderla de manera formal. La mayoría de nosotros pasa la vida y usa matemática sin realizar reflexiones sobre su carácter de sistema axiomático y por eso habla de ella como algo asumido y universal. Es más difícil de verlo que con un lenguaje, puesto que no hay tres o cuatro o cinco o cientos de matemáticas como si hay lenguajes diversos.

Como experimento interesante nótese la siguiente encuesta que me tome la libertad de realizar. Se presenta la siguiente cuestión a un sujeto (fue realizada a sujetos hombres y mujeres universitarios estudiantes de carreras de humanidades de entre 18 y 30 años de edad, una muestra de 70 sujetos): La velocidad de la luz es de 300.000 km/s ¿Se puede alcanzar una velocidad mayor que esa? Del total de encuestados 56 (80%) respondió que si mientras que los otros 14 (20%) respondió que no. Esto puede ser explicado de una manera muy sencilla si nos atenemos a la hipótesis que sostenemos La física se ha encargado de explicar con argumentos muy sólidos y simples que la máxima velocidad posible en el universo es la de la luz. Esto es una propiedad del universo mismo. No obstante, como los números son infinitos y no hay ninguna restricción a sumar o restar un número a otro la gente (que no es estudiosa de las ciencias exactas) realiza una operación matemática y se basa en ella (no en la realidad del universo y sus posibilidades) para afirmar que si se puede alcanzar una velocidad mayor.

Otro experimento similar refuerza lo planteado

anteriormente. Se realizo en conjunto al anterior, la misma muestra. Pero el enunciado fue el siguiente: La temperatura más baja posible es el cero absoluto (-273 grados celsius) ¿Se puede obtener una menor temperatura? ¿De ser si la respuesta, como? 48 personas (68,57%) respondieron que sí y sus argumentos (salvando tres casos que dieron respuestas en base a la teoría cuántica que al parecer ha logrado bajar ese límite) eran similares, teniendo esta forma "si se tiene que poder, por que bajas la temperatura y listo. No tiene sentido que tenga un límite numérico el frío".

Parece ser que la gente mira las matemáticas, mira el mundo y después mira las matemáticas nuevamente. Cuando el procedimiento más correcto sería ver el mundo primero, después utilizar las matemáticas para describirlo y por último volver al mundo para ver como dicha descripción constituye una idea.

2.3.3 Conclusiones

Quizá esta reflexión pueda haber sido motivada por la curiosidad al principio. Pero mientras escribía y luego de pensarlo más, creo que el propósito de pensar sobre la matemática tiene que ver con la educación en la misma.

Ya sea a través de una reflexión filosófica de la matemática a temprana edad en la primaria, o tomándola como lenguaje a la hora de estudiar a este en la secundaria, o mismo desde la casa y hablando con las personas que uno trata, promover la concientización sobre el carácter lingüístico de la matemática. ¿Para qué? Simple, para evidenciar lo mismo que se puede evidenciar en una lengua materna: que la manera en la cual nos referimos al mundo no es más que un acuerdo, muy útil y necesario, pero de ninguna manera suficiente para describir grados de verdad del mismo

Bejar I., Chaffin, R. y Embretson, S. (1991). A taxonomy of semantic relations. En I.I. Bejar, R. Caffin y S. Embretson (Eds.) *Cognitive and psychometric analysis of analogical problem solving* (pp. 56-91). New York: Springer-Verlag.

Chugur, I., Peñas, A., Gonzalo, J., Verdejo, M. F. (2000) 'Incorporación de adjetivos al WordNet español' en Revista de la Sociedad Española para el Procesamiento del Lenguaje Natural (SEPLN), Nº 24

Collins, A. & Loftus E. (1975). A spreading-activation theory of semantic processing.*Psychological review, 82,* 407-428.

De Mora, J. (1855) Colección de los sinónimos de la lengua castellana. Imp. Nacional, España.265

Dendo y Avila, M. (1756). Ensayo de los sinónimo. Madrid, España. pp. 9

Laza, S (2001) Una contribución al procesamiento automático de la sinonimia utilizando Prolog . Tesis Doctoral editada por la Universidad Santiago de Compostela

Gonzalez Martínez, J. (1989) La sinonimia: Problema metalingüístico. *Anales de Filología Hispánica, 4*, 193-210.

Gonzalez Pérez (1994) Sinonimia y teoría semántica en diccionarios de sinónimos españoles de los siglos XVIII y XIX. *Revista española de linguistica 24,*39-48.

Hernandez García, B. (1997) Sinonimia y Diferencia de significado. *Revista española de linguistica, 27,*1-31.

Jesus García, R (2014) Grafología aplicada a la Ciencia Forense. Revista Skopein. Nro 4. pp. 51-54

Johnson, S (1967). Hierarchical clustering schemes. *Psychometrika, 32,* 241-253.

Levy, B. (1942). Libros de sinonimia. *Hispanic Review X/4*pp. 285-313

López Huerta, J. (1789). Ensayo dela posibilidad de fixar la significación de los sinónimos de la lengua castellana. Madrid. pp. 8

Lund, K., Burgess, C. y Atchley, R. (1995). Semantic and associative priming in high-dimensional semantic space. *Proceedings of the Cognitive Science Society* (pp. 660-665). Hillsdale, N.J.: Erlbaum Publishers.

Lyons, J. (1979). *Introducción a la linguistica teórica.* Ed. Teide, Barcelona, España.

Maki, McKinley y Thompson (2004) Semantic distance norms computed from an electronic dictionary (WordNet). *BRMI&C 36* (3), 421-431.

Martínez Hernández, M. (1984) 'Para una historia de los diccionarios de sinónimos del griego antiguo', en Bernabé, A., de Cuenca, L. A., Gangutia, E., López Facal, J. (eds.) Athlon. Satura Grammatica in Honorem Francisci R. Andrados, Gredos

Martinez López, J. (1997). Concreción y abstracción en el

estudio de la sinonimia. En *Moenia, 3, 157-169.*

Mayor, R. y López, R. (1995). Relaciones Semánticas. En *Anexos de la Revista de Psicología del Lenguaje. Anexo 2.* Madrid: Departamento de Psicología Básica. U.C.M.

McRae, K. y Boisvert, S. (1988). Automatic Semantic Similarity Priming. *Journal of Experimental Psychology: Learning, Memory and Cognition, 24,* 3, 558-572. 266

Plaut, D. (1997). Structure and function in the lexical system: Insights from distributed models of word reading and lexical decision.*Language and Cognitive Processes,12,* 767-808.

Ratcliff, R. & McKoon, G. (1988). A retrieval theory of priming in memory. *Psychological Review, 95,* 385-408.

Rodriguez, M (2013) La sinonimia como recurso de acceso léxico en la enseñanza de la lengua. Revista Lingüistica Número 13, ISSN 1699-6569

Rosch, E., Mervis, C., Gray, W., Johnson, D., & Boyes P. (1976). Basic objects in natural categories. *Cognitive*

*Psychology, 8,*382-439.

Salvador, G. (1985) Sí hay sinónimos. En Gregorio Salvador (Ed.) *Semántica y lexicología del español.* Ed. Thomson Parainfo, Madrid, pp. 51-66.

Smith, E, Shonem, E., & Rips, L. (1974). Structure and process in semantic memory: Featural model for semantic decisions. *Psychological Review, 81,* 214-241.

Thays, A. (2010) "La sinonimia como estrategia discursiva empleada por Hugo Chávez Frías," Entrehojas: Revista de Estudios Hispánicos: Vol. 1: Iss. 1, Article 4.

Vega, A (2013) La sinonimia verbal aplicada a la enseñanza de segundas lenguas. Editorial Académica Española, Madrid. ISBN 978-3-659-08282-5

Vega y Ullaluri. (2012) Estudio de las técnicas de detección de plagio textual y análisis de sinonimia en ensayos y desarrollo de un sistema prototipo 41 JAIIO - EST 2012 - ISSN: 1850-2946. Páginas 66-88

Zapico,M y Vivas, J (2014) La sinonimia como caso particular de distancia semántica. En Encontros Bibli: revista eletrônica de biblioteconomia e ciência da informação, v. 19, n.40, p. 253-266, mai./ago., 2014. ISSN 1518-2924. DOI: 10.5007/1518-2924.2014v19n40p253

3. Palabras finales

Hemos hablado del significado y revisado las múltiples formas que su estudio ha dado forma. Hemos hecho lo propio con la sinonimia y muchas de las corrientes que le han dedicado parte de sus esfuerzos para lograr una explicación del fenómeno. También hemos nosotros mismo planteado problemas y dado respuestas a esos problemas basándonos en ideas propias. Hemos tomado postura sobre asuntos complejos. Incluso hemos dejando cuestiones pendientes que esperamos podamos responder más adelante e instamos al lector curioso que siga el camino de la investigación de las mismas.

Claro, puede parecer pretensioso y hasta intencionado colocar nuestras conclusiones e ideas a lo último, como si vinieran a reemplazar y mejorar las anteriores, como si vinieran a decir una verdad. Lamentablemente en términos de estudio nada es verdad de manera absoluta. Todo conocimiento, así como la vida misma, es provisoria y tarde o temprano una idea más compleja, más explicativa, más coherente aparecerá. Y esta bien que sea así, pero así como uno no deja de vivir por que sepa que la vida avanza teleológicamente, tampoco deja de pensar y de tener ideas por que sepa que luego serán discutidas y seguro superadas.

La reflexión sobre cualquier tema, como fin en si mismo, es hermoso y suficiente como para justificar su propia existencia.